Eiko Jürgens

Zeugnisse ohne Noten

Ein Weg zur differenzierten Leistungserziehung

westermann

Das Titelbild fotografierte Frank Vinken, Dorsten

1. Auflage   Druck   5   4   3   2   1

Herstellungsjahr   2003   2002   2001   2000   1999

© Westermann Schulbuchverlag GmbH, Braunschweig 1999

Lektorat: Katrin Bokemeyer

Herstellung: Gisela Halstenbach

Druck und Bindung: westermann druck, Braunschweig

ISBN 3-14-**16 2033**-4

Inhalt

Einleitung

Zensurenfreie Zeugnisse sind seit geraumer Zeit zu einem festen Bestandteil der Leistungsbeschreibung und -beurteilung in der Grundschule geworden. Allerdings nicht durchgängig, sondern zumeist auf die ersten beiden Schuljahre beschränkt. Obwohl es unverkennbar in einer Reihe von Bundesländern mittlerweile intensive Bestrebungen gibt, diese Praxis auch auf die höheren Klassenstufen der Grundschule auszuweiten, um so einen überwiegend zensurenfreien „Lern- und Lebensraum" für die durchschnittlich sechs- bis zehnjährigen Kinder zu schaffen, hält demgegenüber eine Minderheit unter den Bundesländern bis auf weiteres an der Regelung fest, spätestens am Ende des zweiten Schuljahres Notenzeugnisse zur Pflicht zu machen.

Eine einheitliche Tendenz, die Abschaffung der Zensurengebung in der Grundschule in naher Zukunft herbeizuführen, ist also nicht auszumachen. Zu unterschiedlich sind die bildungspolitischen und die pädagogischen Standpunkte in dieser Frage. Während sich hinter den bildungspolitischen Argumenten für eine Beibehaltung von Zensur und Ziffernzeugnis nicht selten äußerst fragwürdige Vorstellungen von den Aufgaben und Funktionen heutiger Schularbeit verbergen, leidet im Unterschied dazu die pädagogische Debatte zum Teil darunter, dass gut gemeinte Überzeugungen einseitig und dogmatisch vertreten werden. Sowohl Pro-Positionen als auch Kontra-Positionen werden zum Zwecke einer vermeintlichen Klarheit und auf Grund einer überspannten Abgrenzung mitunter mehr durch Ideologien als durch wissenschaftlich begründetes Beweismaterial abzusichern versucht.

Betrachtet man die Aufgeregtheiten, die beispielsweise eine Ausweitung der Zensurenfreiheit in der Grundschule bis in die dritte Klasse hervorruft, dann könnte man den Eindruck gewinnen, es würde sich um eine gerade erst begonnene Auseinandersetzung handeln. Ganz sicher würde man nicht vermuten, dass es schon vor über 25 Jahren entsprechende Empfehlungen gab, die den Verzicht auf Zensuren in der Grundschule nahe legten, und in deren Folgezeit immer mehr Bundesländer diese Empfehlungen realisierten. Allerdings eher zögerlich und überwiegend halbherzig. Hatte die Kultusministerkonferenz der Länder (KMK) in ihren „Empfehlungen zur Arbeit in der Grundschule" den Verzicht auf Zensuren in den ersten beiden Klassen zwar mit der Begründung angeregt, dass in der ersten und zweiten Klasse eine allgemeine Aussage über die Leistungen des Kindes im Hinblick auf das Ziel dieser Schulstufe bedeutsamer sei als die vorgeblich genaue Benotung der Leistungen in einzelnen Teilgebieten (Bonn 1970), so blieben dennoch sieben Länder längere Zeit bei dem Zwischenschritt, lediglich die erste Klasse „zensurenfrei" zu gestalten, bevor sie endlich auch die zweite Klasse in diese Regelung einbezogen. Immerhin, abgesehen von kleineren Ausnahmen (vgl. hierzu den Überblick auf S. 36–39), haben sich Textzeugnisse in den Klassen 1 und 2 durchgesetzt. Die Aufgeregtheiten sind jedoch geblieben. Überall dort, wo ein Fortschreiten der

Reform angedacht wird oder geplant ist, kommt es zur Neuauflage längst bekannter und häufig schon zigfach widerlegter Einwürfe und Argumente.

Teilweise wiederholt sich auch in den neuen Bundesländern dieses würdelose Gezerre. Würdelos ist dieses Verhalten deshalb zu nennen, weil Lernen und Leisten in der Grundschule nicht von der Gleichheit, sondern von den Unterschieden zwischen Kindern auszugehen hat und demzufolge jede Beurteilungsform, die den sozialen Vergleich nolens volens betont bzw. zur Voraussetzung hat, das benachteiligte Kind ebenso wie das lernschwächere oder lernlangsame Kind demütigt und erniedrigt. Nicht umsonst hat der Deutsche Bildungsrat ebenfalls schon vor 1970 unmissverständlich die Bedeutung des Förderprinzips herausgestellt. „Größere Beachtung als bisher muss im Primarbereich auch der Gesichtspunkt der Inidvidualisierung erfahren. Gemeint ist die Anpassung des schulischen Angebots in Inhalt und Form an individuelle Lerndispositionen, Lernumwelt und Lerngeschichte ... . Das Prinzip der Integration, das die Weimarer Grundschule geprägt hat – Kinder aller Schichten besuchen eine gemeinsame Schule –, muss durch das Prinzip der Differenzierung – jedes einzelne Kind soll individuell gefördert werden – erweitert werden ... . Im Primarbereich geht es gerade darum, die Individualität jedes Kindes erst einmal zu entdecken sowie die verschiedenen Lernmöglichkeiten und die Möglichkeiten zur Anreicherung der Lernvoraussetzungen zu ermitteln und zu erproben. Im Primarbereich muss daher das Prinzip der Differenzierung vor allem diagnostisch verstanden werden" (S. 135).

Alles pädagogische Handeln, jede pädagogische Arbeit und alle pädagogischen Aktivitäten zur Gestaltung der Schule als ein Lebens- und Erfahrungsraum sind in der Grundschule darauf ausgerichtet, den „Anspruch der Förderung des Kindes und seiner Bildung" zu erfüllen. „Die Formen der Lernerfolgsfeststellung und Lernerfolgsrückmeldung dürfen nicht in Widerspruch zu diesem Anspruch geraten. Erfolgszuversicht und Könnenserfahrung sind die elementaren Voraussetzungen für die Entfaltung von Bildungsbereitschaft und Lernfreude" (Faust-Siehl u. a. 1996, S. 121). Wird die Schule auf das individuelle Förderungsprinzip verpflichtet, so bedarf es zweifellos differenzierter Erziehungs- und Lernumwelten, differenzierter Unterrichtsprozesse. Und genauso offensichtlich besteht ein weiterer Zusammenhang zwischen der unterrichtlichen Differenzierung und einer differenzierten Beurteilungspraxis.

Weil es sich bei der Rückmeldung von Lernerfolgen um Leistungsfeststellungen handelt, muss überdies noch ein ebenso entscheidender wie klärungsbedürftiger Zusammenhang in den Blick genommen werden, und zwar der zwischen Lernen und Leisten. Oder genauer gesagt: es muss geklärt werden, was in der Grundschule unter Leisten verstanden werden soll. Auch hierzu lässt sich dem Strukturplan für das Bildungswesen (1970) Richtungsweisendes entnehmen. „Das Leistungsprinzip, wie es im gesellschaftlichen Wettbewerb gilt, kann nicht auf den Bildungsprozess des Jugendlichen oder gar des Kindes übertragen werden. Der Wettbewerb muss vielmehr in Formen eingeübt werden, die dem Alter entsprechend frei sind von der Drohung lebenslanger Nachteile oder sozialer Deklassierung. Das Kind übersieht noch nicht, zu welchen späten Folgen ein Leistungsmangel führen kann (...). Gleichwohl sind von den Lernenden in Schule und Ausbildung Leistungen zu fordern. Die Erfahrung dieser Herausforderung ist für den Lernenden unentbehrlich, denn die Forderung von Leistungen steht unter dem pädagogischen Prinzip der individuellen Förderung" (S. 35). Schule kann und darf das gesellschaftliche Leistungsprinzip nicht übernehmen, wenn sie ihren eigenen Erziehungs- und Bildungsauftrag ernst nehmen und sie sich daran in ihrer Qualität und Wirksamkeit messen lassen will. Demzufolge braucht Schule ein eigenes, ein pädagogisches Leistungsprinzip. Eine geradezu frappierende Argumentation für ein solches liefert wiederum der Deutsche Bildungsrat (1970), wenn er sagt: „Das pädagogische Leistungsprinzip gewährleistet zudem, dass der Lernende am Ende seiner Schul- oder Ausbildungszeit den harten gesellschaftlichen Leistungsanforderungen nicht unvorbereitet gegenübersteht" (S. 35/36). Nicht das Hereinholen des gesellschaftlichen Leistungsprinzips in die Schule schafft das nötige Handlungsrepertoire und Rüstzeug für ein eigenverantwortliches Bestehen im späteren gesellschaftlichen Leben, sondern dazu bietet die Anwendung eines pädagogischen Leistungsprinzips allemal bessere Voraussetzungen.

Außerdem lässt eine Position, derzufolge Leistungen in der Schule zu fordern sind, weil wir angeblich in einer Leistungsgesellschaft leben, völlig die Frage außen vor, ob es sich bei unserer Gesellschaft tatsächlich um eine so genannte Leistungsgesellschaft handelt, dass nämlich der Zugang zu sozial-relevanten Funktionen und der berufliche Aufstieg einzig allein auf „objektiv" messbaren Leistungsdaten basierten. Im Zusammenhang mit der Ableitung eines pädagogischen Leistungsprinzips in Abgrenzung zum gesellschaftlichen wird hierauf ebenso einzugehen sein, wie auf die Frage, warum die Schule auch selbst dann, wenn das Objektivitätskriterium im gesellschaftlichen Leistungsvergleich

bestünde, nicht auf ein eigenes Leistungsverständnis verzichten kann. Denn der Erziehungs- und Bildungsauftrag der Grundschule enthält in allen Bundesländern einen emanzipatorischen Kern. Damit wird zum Ausdruck gebracht, dass es ein grundlegendes Ziel der Schule ist, zur Mündigkeit auch gegenüber tradierten gesellschaftlichen Normen und Werten zu erziehen, wenn dies pädagogisch beispielsweise aus ethisch-humanen Gründen geboten scheint. Eine einseitige, ausschließlich auf (kritiklose) Anpassung an die gesellschaftlichen Gegebenheiten zielende ist nirgendwo in den entsprechenden Schulgesetzen als Auftrag an die Schule formuliert worden. Genauso wenig hat die Schule nur eine subsidiäre Sozialisationsfunktion zu erfüllen, d. h. die Schule hat nicht nur das zu machen, was die Leistungsgesellschaft als notwendig erachtet. Erinnert sei in diesem Zusammenhang an eine Aussage von *Hartmut von Hentig* (1968), die aus heutiger Sicht mehr als eine eindringliche Warnung und zugleich als Hoffnung auf eine andere Schule erscheint. „Die Leistungsgesellschaft ist nicht von der Schule her zu heilen. Aber die Schule kann vermeiden, dass sie an der Verabsolutierung des Leistungsprinzips mitschuldig wird" (S. 98).

Schulisches Lernen und schulische Bildung bedürfen zwar der Leistungsförderung und Leistungsforderung in pädagogischer Verantwortung, u. a. deshalb, weil der Mensch etwas leisten kann und will, aber ein Großteil dessen, was in der Schule vermittelt wird, kann nicht dem Leistungsprinzip (in seiner ökonomischen Auslegung) geschuldet sein. Welche inhaltliche Gestalt ein in der Schule geltendes Leistungsprinzip annimmt, ist danach entscheidend davon abhängig, welcher Lern- und Bildungsbegriff der Grundschule zu Grunde gelegt werden soll bzw. in welche Richtung sich der ge-

genwärtige Erziehungs- und Bildungsauftrag auf dem Hintergrund der derzei-
tigen sozialen, gesellschaftlichen und
kulturellen Umbruchsituation weiterent-
wickeln soll. Bevor die Frage nach dem
pädagogischen Leistungsprinzip, das
sich die Grundschule zu eigen machen
sollte, beantwortet werden kann, muss
konsequenterweise eine Auseinandersetzung darüber stattgefunden haben,
was heute und künftig unter Lernen, Leben und Arbeiten in der Grundschule
verstanden werden soll.

Grundschule als Haus des Lernens und Lebens

Die veränderten Lebens- und Aufwachsbedingungen von Kindern lassen die Schularbeit nicht unberührt, sondern bedeuten veränderte An- und Herausforderungen für ein auf die Zukunft gerichtetes Lernen in der Grundschule. Kindern und Jugendlichen werden heute zwar zum Teil deutlich größere Gestaltungsfreiräume im gesellschaftlichen Leben zugebilligt, u. a. auch durch eine zunehmende Verlagerung von Aufgaben auf das Individuum, „die zuvor durch gesellschaftliche Strukturen, Instanzen und Konsens bewältigt worden sind" (Bildungskommission NRW 1995, S. 77), aber damit einhergehend kommt es zu einer zunehmenden Individualisierung sozialer Risikolagen. Oder mit anderen Worten ausgedrückt: die beobachtbare Pluralisierung von gesellschaftlichen Lebensformen und sozialen Beziehungen und gesellschaftlichen, ökonomischen, politischen und kulturellen Verhältnissen beinhaltet nicht nur größere Chancen zu schon früher Individualisierung eigener Lebensgestaltung, sondern ebenso vielfach den Zwang dazu, immer verbunden mit der Gefahr des Scheiterns. Von daher ist es sicherlich eine richtige Forderung, dass die Arbeit in der Schule von erweiterten Aufgaben auszugehen habe, um die für den veränderten gesellschaftlichen Gesamtzusammenhang benötigten Kompetenzen vermitteln zu können. Nach Auffassung der Bildungskommission NRW (1995) braucht dazu das Spektrum des Lernens nicht neu definiert zu werden. Vielmehr geht es „um eine Erweiterung und Verlagerung der Schwerpunkte bisheriger Erziehungs- und Unterrichtsziele" (S. 77). Sie entwickelt dafür das Konzept der Schule als Lern- und Lebensraum, einer Schule als das Haus des Lernens, welches durch die Wahrnehmung der folgenden Aufgaben entstehen soll:

- „Wissensvermittlung und Persönlichkeitsbildung sollen zusammen gesehen, neu gewichtet und wieder zueinander in Beziehung gesetzt werden,
- fachliches und überfachliches Lernen müssen ins Gleichgewicht gebracht werden,
- soziales Lernen in der Erfahrung des Zusammenlebens und des Zusammenarbeitens von Kindern und Jugendlichen untereinander und mit Erwachsenen ganz unterschiedlicher Herkunft muss ermöglicht und bewusst gemacht werden,
- anwendungsorientiertes Lernen mit Bezug zu biografischen, historischen und umfeldbezogenen Erfahrungen wird unverzichtbar,
- das Finden der eigenen Identität und die Achtung der Integrität anderer, der Respekt vor dem Andersartigen müssen in der Schule gelebt werden können" (*ebenda*, S. 80).

Bei genauer Betrachtung wird man zu dem Ergebnis kommen, dass die genannten bildungstheoretischen Eckpfeiler einer künftigen Schule für die Grundschule nicht unbedingt neu sind. Zumindest in Ansätzen hat sie ihren eigenen Bildungsauftrag in der Praxis schon in dementsprechender Weise interpretiert. Umso besser jedoch für die Grundschule der Zukunft, wenn die ihr zwar bisher nicht in dieser kompakten Bündelung und in dieser Ausdrücklichkeit aber in der Grundtendenz zu Grunde liegenden Erziehungs- und Bildungsaufgaben zu Zielen des gesamten Schulwesens gemacht werden sollen. Denn dann werden die Übergänge zu den weiterführenden Schulen für die Kinder zukünftig erheblich leichter. Aber auch auf die gegenwärtige Grundschularbeit wird dieser Aufgabenkatalog Einfluss nehmen.

Was bedeuten nun im Einzelnen die Teilaufgaben für die Grundschule bezogen auf ihren eigenen schulstufenspezifischen Erziehungs- und Bildungsauftrag, und zwar immer unter dem Mitdenken der Frage, welchen Leistungsbegriff sollte sich diese Schulform zu eigen machen? Auffällig ist sicher die Intention, die Bildung des Subjekts als Persönlichkeitsbildung in den Vordergrund zu stellen, die dem Kind in seiner Ganzheitlichkeit gilt bzw. dieses als ganzen Menschen annimmt. *Hartmut Hacker* hat als Resümee einer reformpädagogischen Renaissance in der Gegenwart und einer Neudiskussion des Bildungsbegriffs seit etwa zehn Jahren in diesem Zusammenhang festgehalten:

1. „An allgemeinen gültigen Bildungsgütern muss festgehalten werden. Gleichwohl sind sie zu relativieren und müssen durch individuelle Wahlangebote ergänzt werden.
2. Auch der allgemein gültige Kanon darf (dies gilt vor allem für den Primarbereich) nicht primär am Gefüge und System der Wissenschaft orientiert sein, sondern er muss in die alltäglichen Lebenszusammenhänge von Kindern eingewurzelt sein.
3. Der Ausgangs- und ständige Bezugspunkt muss sein: die allgemeine Entwicklung sowie die Bedürfnisse und Interessen der Lernenden.

4. Kulturaneignung muss im Kontext der anthropologischen Bestimmung des Menschen eingelöst werden: Es geht im Schulunterricht um Identität stiftende Fach- und Sozialerfahrung.
5. Das ‚Vermittlungs‘paradigma muss durch das Selbsttätigkeitsparadigma ergänzt werden" (*Hacker* 1997, S. 4).

Die „Bewegung vom Kinde aus", die maßgeblichen Einfluss auf die reformpädagogische Epoche Anfang dieses Jahrhunderts hatte, und mit der sich insbesondere die pädagogische Programmatik *Ellen Keys* verband, soll weder bloß neu ins Leben gerufen noch einfach fortgeführt werden. Auch vermeidet *Hacker* von vornherein eine Absolutierung der Ganzheitlichkeit dadurch, dass die Wissensvermittlung und die Persönlichkeitsbildung in einem unmittelbaren Zusammenhang gesehen werden (müssen), aber – und dies ist dann tatsächlich nicht neu –, dass der Ausgangs- und ständige Bezugspunkt für schulische Bildung die allgemeine Entwicklung des Kindes, seine individuelle Bedürfnis- und Interessenlage ist. Damit stimmt *Hacker* nahezu wortwörtlich mit einer Aussage von *Ovide D. Decroly* überein, die dieser schon 1907 gemacht und zum Grundprinzip seiner Schulgründung erhoben hatte: Der Ausgang aller Bildung ist vom Kind und seinen Bedürfnissen aus zu nehmen (vgl. *Scheibe* 1994, S. 56).

Der Subjektbezug in weit gefasster Sinndeutung wird ebenso wie der Grundsatz des (eigenverantwortlichen) Selbsttuns tatsächlich aus der klassischen Reformpädagogik übernommen, wobei diese beiden pädagogischen Postulate mit Sicherheit schon viel früher in pädagogischen Kontexten angewendet wurden, wie ein Ausblick in die Geschichte des Projektunterrichts zeigt (vgl. *Knoll* 1991). Umso nachdenklicher

10

sollte es deshalb stimmen, dass selbst im Jahr 1997 noch oder wieder Überzeugungsarbeit dafür geleistet wird, dass sich die Vermittlungs- und Beziehungsebene zwischen der Lehrerin und dem Schüler von einer Objekt-Subjekt-Beziehung zu einer Subjekt-Subjekt-Beziehung zu verändern habe (vgl. *Jürgens* 1997, S. 123 ff und 1998 b, S. 45/46) und Selbsttätigkeit als unerlässliche Voraussetzung zum Selbstständigwerden anerkannt und zu einem Unterrichtsprinzip gemacht wird.

Vor allem der in der heutigen Grundschularbeit besonders beachtete Gedanke, das Kind stärker als bisher mit und in seinen Lebens- und Handlungsbedürfnissen zu respektieren und zum Ausgangs- und Bezugspunkt der Erziehungs- und Bildungsprozesse zu machen, wirkt sich unmittelbar auf die grundschulspezifische Leistungserziehung aus.

Grundschulkinder brauchen Würde, Achtung und Selbstachtung. Sie brauchen Gerechtigkeit, Stille, Zurückgezogenheit und Geborgenheit. Sie brauchen Verlässlichkeit in den sozialen Beziehungen, das Gefühl des Angenommenseins als ganzer Mensch. Sie wollen anerkannt und ehrlich gelobt werden. Zu ihrer förderlichen Entfaltung benötigen sie Freiräume zum selbsttätigen Handeln, zum eigenverantwortlichen Entdecken und Erproben bzw. Ausprobieren, sie sind geradezu angewiesen auf die Chance, in ihrer Ganzheitlichkeit mit allen ihren Lernmöglichkeiten wahrgenommen zu werden. Die Grundbedürfnisse der Kinder sind Grundbedingungen ihrer individuellen Lernbiografie, ihrer Persönlichkeitsentwicklung und -bildung. Im Zentrum heutiger grundschulspezifischer Unterrichtsdidaktik steht demnach das Kind als Subjekt seines Lernens und seiner sozialen Beziehungen zu seiner Umwelt.

Die Forderung, Kinder als Subjekte in schulischen Lern- und Bildungsprozessen zu sehen bzw. ihnen die Möglichkeit einzuräumen, sich selbst zu Subjekten zu machen, korreliert unmittelbar und zwingend mit der Auffassung, sie in der Wahrnehmung ihrer Grundbedürfnisse zu unterstützen und ihnen die nötigen Freiräume zur Entwicklung selbst gesteuerten Lernens und Handelns zuzugestehen. Zusammengenommen alles Aspekte eines Lernbegriffs, mit dem darauf abgezielt wird, schulisches Lernen näher als bisher an den Lernenden heranzubringen, es stärker zu seiner eigenen Sache werden zu lassen. Mit- bzw. selbst bestimmtes, eigenverantwortliches, einsichtiges bzw. sinnhaftes Lernen erleichtert und verbessert nicht nur den persönlichen Zugang zum Lerngegenstand, sondern ist auch ein wirkungsvoller Antrieb für die persönliche Lernentwicklung. Allerdings wird die Schule immer zwischen Fremd und Selbstbestimmung, zwischen Belehrung und Selbstanstrengung, zwischen Aktivität und Rezeptivität etc. ausbalancieren müssen. Sie kann nicht einseitig die Subjektivierung des Kindes im schulischen Lernprozess verabsolutieren, weil es in der Schule nicht „um die Inszenierung irgendwelcher beliebiger Lernprozesse, sondern um ganz besondere, nämlich um unterrichtliche" geht (*Giesecke* 1997, S. 3).

Diese nötige Einschränkung dient der Klarstellung. Sowohl mit *Hackers* explizitem Eintreten für einen allgemein gültigen Bildungskanon als auch mit der ausdrücklichen Verknüpfung von Wissensvermittlung und Persönlichkeitsbildung als Aufgabe der Schule, wie es in der Denkschrift der Bildungskommission NRW artikuliert wird, erfährt diese Position ihre Stützung und Begründung zugleich. Die Wahrnehmung des Kindes als Subjekt im Lernprozess ist so weit wie irgend möglich zu fördern, ohne die Dialektik zwischen Offenheit und Geschlossenheit, zwischen Objekt- und Subjektbezug etc. aus den Augen zu verlieren. Das Schulkind wird sich auch immer wieder in der Objektrolle wiederfinden; aber „Selbstständigkeit, Selbstverantwortung, Kooperation und Mitgestaltung haben am ehesten Chancen, in einer Schule Wirklichkeit zu werden, deren Lebens- und Lernformen auf diese die Subjektrolle der Kinder betonenden Ziele hin konzipiert sind, Priorität erhalten und sowohl im Alltag der Schulklasse als auch im Miteinander der Schulgemeinschaft stetig konkretisiert werden" (*Faust-Siehl* u. a. 1996, S. 37). Von daher wird dann ein Unterricht mit einer großen Zahl an Situationen, in denen Kinder Subjekte ihres Lernens sein können, der Einsicht gerecht, „dass Lernen eine nur vom Individuum zu leistende Verknüpfung von Teilen der Welt außerhalb seiner selbst mit seinem Inneren ist" (*ebenda*). Auch in Bezug auf die Differenzierungsproblematik, die in der Grundschule seit jeher eine besondere Rolle gespielt hat, erhält die Subjektrolle des Kindes einen herausragenden Stellenwert. „Wenn die Kinder innerhalb des von Pädagoginnen und Pädagogen vorgeplanten Anforderungsrahmens die ihnen gemäßen Aufgaben, Lernmittel, Lernzeiten und Lernwege – soweit nötig mit Hilfe – selbst bestimmen können (Selbstdifferenzierung), wird Unterricht den unterschiedlichen Lernerfordernissen von Kindern besser gerecht, als es durch eine gelenkte Differenzierung möglich wäre" (*ebenda*). Mit der Hoffnung, Kinder werden den Vertrauensvorschuss auf eine vernünftige und verantwortungsvolle Wahrnehmung gewährter Freiräume rechtfertigen, verbindet sich die pädagogische Überzeugung, dass selbst differenzierende Verfahren zu besseren Lernerfolgen führen werden, als allein vom Lehrer geplante Differenzierungsmaßnahmen.

Zusammenfassend kann man festhalten, dass die heutige Grundschule ein Ort ist, an dem Kinder unterschiedlicher Herkunft, unterschiedlicher Sozialisations- und Erziehungserfahrungen sowie unterschiedlicher Entwicklungsstände und Lernvoraussetzungen zusammentreffen und unter Achtung der Individualität jedes Kindes miteinander lernen, arbeiten und leben. Um dem Bildungsanspruch des einzelnen Kindes gerecht werden zu können, sind Formen der (inneren) Differenzierung ein unverzichtbares Unterrichtsprinzip, insbesondere um Ungleichheiten und Benachteiligungen zu beheben und damit zur Integration der Schüler beizutragen. Dazu bedarf es des Rückgriffs auf einen tragfähigen Lernbegriff, in dessen Mittelpunkt das Kind als Subjekt im Lernprozess ernst- und angenommen wird, seine Grundbedürfnisse respektiert werden und mit dem das Selbsttätigkeitsparadigma als zentraler pädagogisch-didaktischer Bezugspunkt realisiert wird.

Anforderungen an das Kind

Jedes Kind muss sich in der Schule und im Unterricht mit systematischem Lernen auseinander setzen, das sich entscheidend von den bisher erfahrenen außerschulischen Lernprozessen unterscheidet. Der Aufbau und die Weiterentwicklung eines langfristigen Lern- und Leistungsverhaltens wird durch die unterrichtlichen Arrangements maßgeblich beeinflusst, was unmittelbare Auswirkungen auf das Selbstbild des einzelnen Kindes als Schülerin oder Schüler hat. Durch die mittlerweile sattsam bekannte Mahnung *Peter Petersens*, dass Kinder nicht zuerst unterrichtsbedürftige Wesen, sondern Menschenkinder seien, lässt sich leicht verdeutlichen, wie schwierig der Wechsel für ein Kind werden kann, wenn es von nun an (auch) Schülerin oder Schüler ist. Für die Grundschule wird es deshalb darauf ankommen, Kinder nicht allein auf die Schülerrolle zu reduzieren, sondern den ganzen Menschen im Blick zu haben. In diesem Sinne meint der Begriff der Kindgemäßheit die spezielle Beachtung der vielfältigen individuellen Möglichkeiten des Kindes sowie seiner Gefährdungen und seiner Verletzbarkeit. Des Weiteren die Anerkennung seiner Interessen und seiner besonderen Art der Weltzuwendung und Welterschließung (vgl. *Ipfling* 1995, S. 20), aber ebenso seiner grundlegenden Bedürfnisse. Für die Realisierung einer kindgemäßen Pädagogik sind u. a. Ermutigung, Herausforderung, Offenheit und Geborgenheit unverzichtbare Qualitätskriterien, sodass jede Leistungserziehung in der Grundschule hierauf zu beziehen ist. In diesem Zusammenhang gewinnen fünf pädagogisch-anthropologische Werte besonders an Bedeutung, weil sich aus ihnen die pädagogischen Leitlinien für einen pädagogischen Leistungsbegriff und eine dementsprechende Leistungsbeurteilung in der Grundschule entwickeln lassen.

Die Würde des Kindes

Die Erfahrung des „Anerkanntsein" als eine einzigartige, unverwechselbare und wertvolle Persönlichkeit und somit das Erleben und Spüren der eigenen Würde in Auseinandersetzung mit der „Welt" erfordern die Erprobung der eigenen Leistungsfähigkeit. Welterkundung findet über Lernen und Leisten statt. Menschen wollen etwas lernen und wollen etwas leisten. Kinder möchten Könnenserfahrungen machen, wollen durch ihre vollbrachten Leistungen anerkannt und für ihr Tun gewürdigt werden. Die Würde des Menschen ist unantastbar, dies gilt als unbedingte Voraussetzung für Erziehung und somit gleichermaßen für die Leistungserziehung. Das heißt beispielsweise: Ein Kind durch überzogene Leistungsanforderungen, die zwangsläufig zum Misserfolg führen müssen, bloßzustellen bzw. zu erniedrigen, stellt eine eklatante Verletzung seiner Würde dar. Die Wahrung der Menschenwürde des Kindes ist ein Personenrecht, dessen uneingeschränkte Geltung durch Schule sicherzustellen ist, indem das pädagogische Verhältnis zwischen Lehrer und Schüler als eine Erziehungs- und Bildungssituation betrachtet wird, in welcher sich Humanität in den zwischenmenschlichen Erwartungen und Aktivitäten realisiert.

Kinder brauchen (Selbst-)Achtung

Das Grundschulkind braucht die Selbstvergewisserung, etwas gut gemacht zu haben, etwas erfolgreich bewältigt zu haben, um sich selbst als Person positiv wahrnehmen zu können und damit die eigene Selbstachtung aufbauen bzw. untermauern zu können. Würde und Selbstachtung hängen unmittelbar zusammen. Sie sind zwei Seiten derselben Medaille. Wird jemand „würdig" behandelt und erfährt er von anderen Menschen für sein Handeln Achtung, dann stärkt ihn das als Person und in seiner Persönlichkeit bzw. in seiner weiteren persönlichen Entwicklung. Selbstachtung ist somit ein wichtiger Faktor beim Aufbau eines positiven Selbstkonzepts, einer positiven Ich-Identität.

Das den Lernhelfer kennzeichnende Beziehungsprinzip von *Maria Montessori*, „Hilf mir, es selbst zu tun", kann Modell dafür sein, wie gegenseitige Achtung im schulischen Kontext hergestellt werden kann. Die Hilfe der Lehrerin ist darauf ausgerichtet, damit das Kind die in den Grundschullehrplänen aufgestellten Ziele erreichen kann. Achtung erfährt das Kind dadurch, dass es stets aufs Neue herausgefordert und ermutigt wird, sich neuen realistischen Aufgaben zu stellen, neue Lern- und Arbeitsverfahren auszuprobieren, bestehende Kenntnisse zu vertiefen und neue Erkenntnisse zu machen etc. Weiter besteht die Hilfe als Hilfe zum Selbsttun darin, Leistungserwartungen deutlich zu machen und Anregungen zu geben, wie diesen entsprochen werden kann, welche Lernwege günstig erscheinen und welche Lernanstrengungen noch verbessert werden

sollten. Es müssen vielfältige Gelegenheiten zur Auseinandersetzung mit den Lerninhalten geschaffen werden, um für den Schüler auf ebenso verschiedenartige Weise den Zusammenhang von Lern- und Leistungsbemühungen einerseits sowie Lern- und Leistungserfolg andererseits positiv erfahrbar zu machen. Dies meint allerdings keineswegs eine Senkung der Leistungsansprüche in der Grundschule, sondern bezieht sich einzig und allein auf die Angemessenheit der Leistungsanforderungen (innere Differenzierung) an das jeweilige Kind.

Selbstachtung ist in ihrer Entwicklung sehr wesentlich davon abhängig, welche Achtung ein Mensch im Laufe seiner Biografie von den Personen erfährt, deren Urteil ihm besonders wichtig ist. Zweifellos ist eine dieser Personen für das Grundschulkind die Grundschullehrerin. *Janusz Korczak* hat mit seinem 1929 entstandenen Aufsatz mit dem Titel „Das Recht des Kindes auf Achtung" sehr feinsinnig ausgeführt, worin sich für ihn diese Grundeinstellung zeigt. U. a. spricht er von der „Achtung vor der Wissbegierde und dem Erkenntnisdrang der Kinder", der Achtung „vor den Geheimnissen und Schwankungen der schweren Arbeit des Wachsens" sowie der „Achtung vor der gegenwärtigen Stunde, vor dem heutigen Tag", womit die Frage verbunden wird: „Wie soll das Kind im Stande sein, morgen zu leben, wenn wir ihm heute nicht gestatten, ein verantwortungsvolles Leben zu führen?" (*Engemann-Reinhardt* 1990, S. 38/39). Da alle pädagogische Tätigkeit in der Grundschule unter dem Förderprinzip erfolgt, heißt Achtung vor dem Kinde zu haben, ihm alle Förderungsmöglichkeiten zu gewähren, damit es den Anforderungen des Unterrichts gewachsen ist und für weiteres Lernen Sicherheit und ein Gefühl des Zutrauens in die eigene Leistungsfähigkeit aufbauen kann. Die wichtige Erfahrung des Aufspürens eigener Interessen- und Leistungsschwerpunkte, aber ebenso die Wahrnehmung der Grenzen der eigenen Möglichkeiten (vgl. Bildungskommission NRW 1995, S. 90) stellen fundamentale Erkenntnisse und mitunter schmerzhafte Einschnitte im Leben eines Kindes dar und sind damit Ereignisse, die das Aufwachsen zu einer „schweren Arbeit" machen. Bezogen auf die Leistungsproblematik in der Grundschule wird es deshalb entscheidend darauf ankommen, ob es gelingt, Kindern die Entwicklungsbedingungen zu ermöglichen und bei ihnen die Fähigkeiten auszubilden, die sie nötig haben, um Lerninteresse und Lernfreude und damit Sach- und Selbstkompetenz aufzubauen und sie damit gleichermaßen stark zu machen, auch etwaige Misserfolge zu bewältigen.

„Der Schüler soll im Sinne ermutigender Erziehung eine Rückmeldung erhalten,
• die seine Anstrengung würdigt,
• die seine Leistungen achtet,
• die gegebenenfalls Schwächen, Rückstände, auch Sorglosigkeiten nennt, zugleich aber Hilfen ankündigt oder gibt,
• die das Zutrauen in die eigene Leistungsfähigkeit des Kindes stärkt, insbesondere bei misserfolgsängstlichen Kindern" (Ministerium für Kultur und Weiterbildung NRW 1980, S. 9).

Ein Schüler, der einen Lernerfolg als Ergebnis seiner persönlichen Bemühungen und seiner Ausdauer auffasst, wird auch zukünftig in Erwartung weiterer Erfolge (Hoffnung auf Erfolg) eher ein solches Verhalten zeigen. Im Gegensatz dazu lösen frühe sowie fortwährende Misserfolge auf sich selbst bezogene negative Eigenschaftszuschreibungen aus. Diese führen zur Abnahme von Anstrengungsbereitschaft und Durchhalteyer-

mögen, da sich das gezeigte Verhalten als nicht erfolgreich erwiesen hat (vgl. *Heckhausen* 1975; *Meise* 1974). Eine Misserfolgserwartung des Schülers kann, wenn er mit einer neuen Aufgabenstellung bzw. einem neuen Lerninhalt konfrontiert wird, dauerhaft eine von Resignation gekennzeichnete Grundhaltung hervorrufen (Angst vor Misserfolg).

Darüber hinaus führen Erfolgs- bzw. Misserfolgserlebnisse nicht nur zu positiven bzw. negativen selbstattributiven Reaktionen, sondern auch zu Eigenschaftszuschreibungen und Erwartungsreaktionen von anderen Personen, wie z. B. Eltern oder Lehrern. Rechnet eine Lehrerin bei einem Schüler bzw. bei einer Schülerin eher mit Misserfolg bei der Bewältigung bestimmter Anforderungen, dann wird diese Erwartungshaltung in der unterrichtlichen Interaktion durch mehr oder weniger klar erkennbare Verhaltensweisen sowie in Gestik und Mimik der Lehrerin deutlich werden und damit den Lernerfolg des Kindes ungünstig beeinflussen (Was wir erwarten, rufen wir hervor.) Nur, wenn wir dem Grundschulkind Erlebnisse des Erfolges, das Gefühl und die Zuversicht, etwas leisten zu können, so oft wie irgend möglich erfahren lassen, erst dann werden dauerhafte positive selbstattributive und Erwartungsreaktionen ausgebildet und der Aufbau von verlässlicher Selbstachtung ermöglicht. Und nur dann lässt sich verhindern, was *Cloer* (1991) zu Recht anklagte: „Wer von uns Erwachsenen könnte auch nur ein Jahr ohne gesundheitliche Schäden überleben, wenn man täglich sagen würde, dass er in seinem Beruf nichts tauge. Das aber muten wir Kindern bestimmter Leistungsprofile und Lerntempi ständig zu. Und wir muten es ihnen zu, bevor sie erstmals Vertrauen in das eigene Können aufgebaut haben" (S. 22).

Leistungserziehung in der Grundschule im normativ-anthropologischen Begründungszusammenhang von Würde und (Selbst-)Achtung bedeutet im Kern, Kinder durch förderliche Beziehungen zu Lehrern und Mitschülern und zu den Lerninhalten so zu stärken, dass ihnen die für das Weiterlernen und ihre Weiterentwicklung nötige Erfolgszuversicht und damit ein Gefühl der Selbstsicherheit zuteil werden kann.

Gerechtigkeit statt Gleichmacherei

In der Diskussion um die Zukunft der Grundschule wird immer wieder auf die Heterogenität in den Lern- und Leistungsvoraussetzungen der Kinder hingewiesen. Deshalb besteht für die Grundschule eine vorrangige Aufgabe darin, die Lern- und Lebenschancen von benachteiligten und problembelasteten Kindern zu verbessern. Eine Aufgabe, der sich die Grundschule schon immer mit besonderer Aufmerksamkeit gewidmet hat. Allerdings hat die gegenwärtige Epoche des sozialen Wandels mit ihren gravierenden Veränderungen und Verwerfungen in fast allen gesellschaftlichen Bereichen zu einer Verschärfung des Problems geführt (vgl. *Rolff/Zimmermann* 1985. *Behnken/Jaumann* 1995; *Jürgens* 1998 a; *Jürgens* u. a. 1997, *Faust-Siehl* u. a. 1996).

Kinder wollen gerecht behandelt werden, sie fordern für das Leben in der Gemeinschaft Gerechtigkeit, es soll gerecht zugehen in der Schule und im Unterricht. Damit kommen aber sowohl Fragen nach Gleichbehandlung als auch solche nach Differenzierung auf, denn Gerechtigkeit kann sich sowohl in allgemeiner Gleichbehandlung als auch in individueller Unterschiedlichkeit zeigen. Gleichbehandlung und Gleichmaß sind unter der Maxime, jedes Kind bestmöglich entsprechend seinen individuellen Lernvoraussetzungen und sozialen Umweltbedingungen zu fördern, unvernünftig und pädagogisch nicht zu verantworten, weil jedes Kind anders ist und demzufolge jedes anders zu behandeln ist. Differenzierende Gerechtigkeit muss demgemäß auch insbesondere gegenüber benachteiligten Schülerinnen und Schülern geübt werden. Gerechtigkeit bedeutet dann, dass einige Kinder ein Mehr an Zuwendung, Geborgenheit, an Beratung oder Hilfestellung erhalten als andere. Der Verschiedenartigkeit im Lernen der Kinder kann aus diesem Blickwinkel deshalb auch nur ein Leistungsverständnis angemessen Rechnung tragen, das durch Dimensionen und Bedeutungsinhalte gekennzeichnet ist, die der individuellen Entwicklungsförderung entgegenkommen.

Nicht unterschlagen werden sollte der Sachverhalt, dass daneben auch die auf Gleichheit abgestellte Gerechtigkeit in der Grundschule ihren Platz hat. Soziale, zwischenmenschliche Beziehungen und Interaktion in der Schule müssen grundsätzlich so gestaltet werden, dass Rechte und Pflichten gerecht auf alle verteilt sind, also durchaus Gleichbehandlung zu fordern und zum Prinzip zu machen ist. Normen und Regeln, die beispielsweise in eine Klassenordnung aufgenommen wurden, sollten selbstverständlich für alle im gleichen Maße gültig sein. Fraglos wird es auch im Leistungsbereich genügend Beispiele dafür geben, dass es gerecht ist, wenn alle gleich behandelt werden, z. B., wenn sachlich gebotene Kriterien zu erfüllen sind.

Gleichheit und Ungleichheit, Gleichbehandlung und Ungleichbehandlung konstituieren trotz ihrer Widersprüchlichkeit zusammen den Gerechtigkeitsbegriff. Für die Schule bedarf es eines Leistungsbegriffs und einer Leistungsbeurteilung, die diesem Rechnung trägt.

Der geschützte Raum als förderliche Grundbedingung

Die Konzepte des handlungsorientierten, erfahrungsoffenen und entdeckend-problemlösenden Unterrichts (vgl. *Kasper* u. a. 1989, *Claussen* u. a. 1993, *Jürgens* 1997 a, *Hopf* 1993, *Burk/Claussen* 1980 und 1981, *Fölling-Albers* 1992, *Garlichs* 1991) haben in großem Maße dazu beigetragen, der einseitigen Kopflastigkeit des Buchunterrichts in der Schule entgegenzuwirken. Den Kindern werden durch diesen Unterricht außer der beabsichtigten Nähe zur Lebenswelt auch verlässliche Rückzugsmöglichkeiten in der Schule als ein geschützter Raum angeboten.

Damit ist keineswegs die lange Zeit herrschende Vorstellung gemeint, (die immer wieder einmal neu auflebt) Kinder von der außerschulischen Lebenswirklichkeit und den gesellschaftlichen Einflüssen abschotten zu müssen, um sie nicht schutz- und wehrlos all den möglichen dort lauernden Gefahren auszuliefern. Diese ursprünglich in ihrem subsidiären Ansatz durchaus positiv gemeinte Absicht hat zu einer idealisierten Schonraumpädagogik mit autoritärer Abgrenzung geführt, die nicht auf das Leben vorbereitete, sondern sich von diesem abwendete.

Nichtsdestotrotz wird die zeitweilige Distanzierung von der Alltagswelt, der kalkulierte Rückzug hinter die sicheren Schulmauern zunehmend wichtiger. Lässt einerseits die veränderte Kindheit die Öffnung von Schule und Unterricht geboten sein, muss andererseits angesichts z. B. der zunehmenden Mediatisierung der Kindheit, des Leistungsdrucks von seiten der Eltern, Umwelt und Bedrohungsängsten (vgl. *Richter* 1997), Einvernahme immer jüngerer Kinder als Konsumentengruppe sowie rapide Zunahme psychisch gestörter und drogen-

abhängiger Kinder, die Grundschule ihrer Schülerschaft als ein „Haus des Lernens" Schutz und Zuflucht bieten. „Geborgenheit der Kinder entsteht aus der Beziehung zu glaubwürdigen Pädagoginnen und Pädagogen, durch die das Kind sich geschützt und gestützt weiß ... Aus dem Gefühl der Geborgenheit und des Dazugehörens gewinnen Kinder Zutrauen zu sich und zur Welt ..." (*Faust-Siehl* u. a. 1996, S. 32).

Vermutlich wird sich die Grundschule zukünftig in einem noch stärkerem Maße darauf einzustellen haben, für Kinder ein Ort zu werden, an dem diese, mitunter erstmals, über eine längere Zeitspanne zur inneren und äußeren Ruhe, zur ausdauernden Konzentration, zur ungestörten Friedfertigkeit, zur verlässlichen Zwischenmenschlichkeit oder zur emotionalen Geborgenheit finden können. Wenn in den Empfehlungen der Bildungskommission NRW (1995) davon gesprochen wird, dass die Schule ein Ort ist, „an dem Zeit gegeben wird zum Wachsen" und ebenfalls ein Ort ist, „dessen Räume zum Verweilen (einladen)" (S. 86), dann kann damit deutlich gemacht werden, dass Schutz geben mit sich Zeit nehmen und Zeit geben korrespondiert. Zu intensivem, vertiefendem Lernen brauchen Kinder Zeit und die Sicherheit, dass sie darauf vertrauen können, diese zu erhalten. Weil die Verschiedenartigkeit der Kinder zu unterschiedlichen Schutzbedürfnissen führt, sollten in die Grundschularbeit neben der Differenzierung nach überwiegend kognitiven Lernausgangslagen zunehmend Angebote und Unterstützung im individual- und sozialpsychologischen Bereich einfließen. Eine steigende Zahl von Kindern ist geradezu auf derartige Angebote angewiesen, um die durch den Unterricht gegebenen Lern- und Bildungschancen überhaupt wahrnehmen zu können.

Kinder brauchen vielfältige Lern- und Entwicklungs-möglichkeiten

Die Ausbildung von Fertigkeiten und Fähigkeiten in wichtigen Bereichen, die früher durch das Handeln und das Vorbild der Eltern geprägt waren, kann heute von der Schule nicht mehr einfach vorausgesetzt werden. Vielmehr muss bedacht werden, dass durch den sozialen Wandel zunehmend Sozialisationsbedingungen entstanden sind, die für Kinder zur Belastung werden und unter denen sie verschiedenartigste Defizite ausbilden. So z. B. im sozialen und emotionalen Verhalten, weil die Familie mit steigender Tendenz nicht nur als Erziehungsinstanz ausfällt, sondern ebenfalls als Ort für den Aufbau emotional verlässlicher Sozialbeziehungen wirkungslos geworden ist. Ursache ist hierfür nicht zuletzt der tief greifende gesellschaftliche Wertewandel, der für die Erziehung in der Familie eine große Verunsicherung mit sich bringt, da ein vielfältiges Nebeneinanderbestehen konkurrierender, oft widersprüchlicher Werte herrscht. So verlieren alte, traditionelle Werte und Orientierungen ihre unumstößliche Gültigkeit und werden in Frage gestellt, während neue Werte zuweilen nur eine kurze Lebensdauer haben oder nur sehr langsam breitere Anerkennung in der Gesellschaft finden. Die Orientierung in dieser Welt muss zwar von jedem Individuum selbst geleistet werden. Es stellt sich dennoch für die Schule die Aufgabe, Hilfestellung bei diesem Prozess zu leisten. Schulische Arbeit in sozialen und emotionalen Bezügen wird für die Kinder mehr und mehr wichtiger und sie brauchen eine Schule, der ein Lern- und Bildungsbegriff zu Grunde liegt, der soziale, emotionale, ästhetisch und praktisch-künstlerische Fähigkeiten genauso zum Gegenstand hat wie kognitive Fähigkeiten (vgl. *Cloer* 1991, S. 27). Soll allerdings der Lernbegriff in der Grundschule den gesellschaftlichen Veränderungen und zukünftigen Herausforderungen entsprechend ergänzt bzw. neu gefasst werden, muss ebenso der Förderbegriff berücksichtigt werden. So fallen beispielsweise beim Schulanfang erkennbar ungünstige bzw. fehlende Voraussetzungen in Bereichen wie dem Spielverhalten, dem emotionalen Umgang mit sich selbst und anderen Personen oder die sinnliche Wahrnehmung der Umwelt unter die Förderfunktion der Grundschule. Ein weit gefasster Förderbegriff macht vielfältige Angebote und Auseinandersetzungen erforderlich. „Kinder brauchen bereichernde Begegnungen mit Mensch, Tier, Pflanze, Buch, Kunstwerk, Sachverhalten, Ereignissen und Problemen, damit sie entdeckend, erkundend, pflegend, sprechend, schreibend, lesend, rechnend, gestaltend, produzierend ihre Interessen und Fähigkeiten entwickeln, mit Kultur, Natur und Gesellschaft in Dialog zu treten, und dabei erfahren können, womit es sich im Leben zu befassen lohnt" (*Faust-Siehl* u. a. 1996, S. 38). Infolge der ausgeprägten Verschiedenartigkeit ihrer Schülerschaft liegt es im unbestrittenen Selbstverständnis der Grundschule eine spezifische Förder- und Differenzierungspraxis zu realisieren, die mit einem pädagogischen Leistungsprinzip korreliert bzw. korrelieren muss, das entsprechende Dimensionen einschließt.

18

Das pädagogische Leistungsprinzip

Fundament und Begründungszusammenhang für eine pädagogische Leistungsbeurteilung

Mit der Begrifflichkeit pädagogisches Leistungsprinzip wird schon offensichtlich gemacht, dass für die Schule ein eigenes Leistungsverständnis zu definieren ist. Die Übertragung des gesellschaftlichen, insbesondere im Berufsleben (angeblich uneingeschränkt) geltende Leistungsprinzip ist aus vielen Gründen nicht zu verantworten und würde zu einem unpädagogischen Leistungsdenken in engen, an der Profitmaximierung orientierten Kategorien führen. Die mitunter von verschiedenen Kreisen erhobene Forderung, die Schule müsse deshalb das wirtschaftlich günstige und erfolgreiche Leistungsprinzip zu dem ihren machen, eventuell durch etwas Pädagogik in seinen Härten abgefedert, weil sie Teil einer so genannten Leistungsgesellschaft sei, ist in keiner Weise argumentativ haltbar. Nicht auf dem Hintergrund des zur Zeit in allen Bundesländern gültigen Erziehungs- und Bildungsauftrages für die Grundschule und ebensowenig angesichts der bereits anerkannten grundschulspezifischen Reformnotwendigkeiten.

In einigen wenigen Stichpunkten sollen die Hauptkritikpunkte, die gegen eine Übertragung des gesellschaftlichen Leistungsprinzips auf schulische Lern- und Bildungsprozesse sprechen, dargelegt werden.

1. Die Rede von der „Leistungsgesellschaft" ist fahrlässig und unehrlich. Allenfalls könnte von einer leistungsorientierten Gesellschaft gesprochen werden. *Sacher* (1994) hat dies herausgearbeitet, indem er feststellt: „Es ist nur eine Halbwahrheit, dass wir in einer Leistungsgesellschaft leben. Denn in Wirklichkeit werden die begehrten Positionen in unserer Gesellschaft keineswegs nur nach der erbrachten Leistung zugewiesen. Das Leistungsprinzip ist also nur eines von sechs Verteilungsprinzipien in unserer Gesellschaft" (S.4). Neben dem Leistungsprinzip werden wirksam: Vorrechte der Geburt, das Anciennitätsprinzip, das Ideologieprinzip, das Bekanntheits- und Beliebtheitsprinzip sowie das Sozialprinzip.

2. *Klafki* (1975) macht weiter darauf aufmerksam, dass die Leistungsgesellschaft an die Erfüllung bestimmter Voraussetzungen gebunden ist. Die erste Bedingung bezieht sich auf die Verteilungsfunktion. „Wer die Bezeichnung ‚Leistungsgesellschaft' als eine angemessene, ja vielleicht als die treffendste Kennzeichnung unserer Gesellschaft ansieht, der unterstellt, dass es von der Mehrzahl der Mitglieder dieser Gesellschaft anerkannte, mindestens aber wohlbegründete und gerechtfertigte sowie im wesentlichen eindeutige Maßstäbe gäbe, an denen in der Wirklichkeit die Leistungen des Einzelnen gemessen und dementsprechend dann Einkommen und soziale Positionen zugeteilt werden" (S. 83 f.).

Und als eine zweite gewichtige Bedingung nennt *Klafki* die „soziale Chancengleichheit", die als Grundbedingung für eine Leistungsgesellschaft zu gelten habe. Es bedarf sicherlich keiner aufwändigen Beweisführung, um zum Ergebnis zu gelangen, dass beide Bedingungen nicht vorliegen. Weder wird der gesellschaftliche Wettbewerb durch die Anwendung eines einheitlichen und objektiven Leistungsmaßstabes entschieden, noch ist es bisher gelungen, soziale Differenzen innerhalb der Gesellschaft aufzuheben bzw. derartig zu minimieren, dass von einer annähernden Chancengleichheit beim Konkurrieren um Lebens-, Bildungs- und Berufschancen ausgegangen werden könnte. Im Gegenteil: Eine der wichtigsten Aufgaben der Schule besteht (immer noch) darin, soziale Benachteiligungen abzubauen.

3. Der gesellschaftliche Leistungsbegriff ist ökonomisch dominiert und dementsprechend eng ausgelegt. Er dient dem Konkurrenzhandeln, der Produktionssteigerung und Profitmaximierung und ist notgedrungen (unmenschlich) ausleseorientiert. Leistung im ökonomischen Leben unterliegt dem Verwertungs- und Tauschwertgedanken. Der Wert der Leistung wird hauptsächlich danach beurteilt, ob sie marktorientiert ist bzw. im wirtschaftlichen Wettbewerb eine Chance hat; dafür erhält der Leistende einen entsprechenden Gegenwert. Fast vollkommen unwichtig ist unter dem Gesichtspunkt der Verwertbarkeit, was die erbrachte Leistung für den Einzelnen bedeutet, welche Anstrengungen dieser zu Grunde lagen, was er dabei gelernt hat, ob sie seiner Persönlichkeitsentwicklung diente oder ob er sich mit dem Produkt identifiziert hat etc. Was zählt, ist ausschließlich die Endleistung, das Ergebnis. Wie und unter welchen Bedingungen es erzielt wird, ist letztlich völlig bedeutungslos. Wer oder was sich durchgesetzt hat, ist erfolgreich gewesen und ist damit über jede weitergehende Rechtfertigung erhaben.

4. Das ökonomisch bestimmte Leistungsprinzip verhindert bzw. behindert Solidarität. Die Vorherrschaft des Verwertungs- und Tauschwertgedankens ist gebunden an einen individualistisch-konkurrenzbezogenen Verteilungskampf. Auch die von Industrie und Wirtschaft propagierte Teamfähigkeit bzw. Teamarbeit sollte nicht über diesen Tatbestand hinwegtäuschen. Denn auch in den Teams als zeitlich mehr oder weniger begrenzte Zweckgemeinschaften sind die Grundbedingungen des gesellschaftlichen Leistungsprinzips nicht aufgehoben worden, teilweise treten sie in diesen ausschließlich zur Verbesserung der ökonomischen Leistungsfähigkeit gebildeten Gruppen sogar verschärft auf.

5. „Die Begriffe Leistungsgesellschaft und Versager gehören zusammen", sagt *Richter* (1997) und führt weiter aus: „In der Leistungsgesellschaft tauchen die neuen Wortschöpfungen Leistungsdruck, -zwang, -soll auf. Dass Leistung eher als ein eigenes lustvolles Vollbringen statt als fremdbestimmte Erfüllung einer Schuldigkeit erlebt werden kann, kommt mehr und mehr aus dem Sinn. Leistungsgesellschaft – das heißt Stress, Rivalität, Kampf um Selbstbehauptung, unter ständiger Drohung abgehängt zu werden, herauszufallen und zu scheitern. Zwang und Angst sorgen für massenhaft psychische Deformierungen, für Unterdrückung von Originalität, Fantasie und Kreativität. Bis ins Alter verbleibt ein Großteil der heutigen Menschen auf dem Stadium von Schülern, vom Verfehlen vorgegebener Normen, vom Unglück des Versagens, bedroht" (S. 141). Etwas leisten wollen ist ein menschliches Grundbedürfnis. Leistungsfreude und Schaffenslust sind grundsätzlich vorhanden, allerdings geknüpft an Selbstbestimmung und Angstfreiheit. Beide Grundbedingungen sollten für die Schule, insbesondere für die Grundschule, hergestellt werden oder zumindest so weit wie möglich angestrebt werden. Denn das Schülerbild, das *Richter* als Argumentationsbasis auf

Grund seiner Wahrnehmung gewählt hat, sollten wir Kindern im Alter von sechs bis zehn Jahren nicht zumuten, wenn wir nicht den Anspruch aufgeben wollen, einer auf Humanität und Achtung vor dem Anderen basierenden Einrichtung anzugehören.

Weil Schule von der Gesellschaft einen Auftrag erhalten hat, der in seinen Kernpunkten auf Demokratisierung, Humanität, Chancengleichheit, soziale Integration und allgemeine Bildung abzielt, ist ein pädagogischer Leistungsbegriff zu entwerfen, der diesen Erwartungen gerecht wird. Letztendlich steht also der schulische Leistungsbegriff im Widerspruch zum ökonomisch dominierten. Oder euphemisch ausgedrückt: der schulische Leistungsbegriff greift einerseits viel weiter und will andererseits Mechanismen des gesellschaftlichen vermeiden bzw. – so gut wie es geht – zurückdrängen. Das fundamental Pädagogische erhält der schulische Leistungsbegriff neben seiner Verpflichtung auf die schon genannten allgemeinen Zielsetzungen durch Bezug zum gültigen bzw. mehrheitlich getragenen Lern- und Bildungsbegriff wie durch den Blick auf pädagogisch anthropologische Grundwerte, die zusammen mit weiteren für Schule relevanten Normen einen Referenzrahmen für die Argumentation abgeben. Das auf diesem Hintergrund von mir entwickelte Leistungsprinzip umfasst sechs Dimensionen:
Leistung ist anlage- und umweltbedingt;
Leistung ist norm- und zweckbezogen;
Leistung ist produkt- und prozessbezogen;
Leistung ist individuelles und gemeinsames soziales Lernen;
Leistung ist problemmotiviertes und vielfältiges Lernen;
Leistung ist anstrengendes und gekonntes Lernen.

Leistung ist anlage- und umweltbedingt

Empirisch gesichert gilt, dass unterschiedliche menschliche Leistungen nicht ausschließlich durch individuelle, genetisch bedingte Anlagen zu erklären sind. Demnach werden Leistungen durch außerhalb einer Person liegende Faktoren beeinflusst. Die Leistung einer Schülerin wird somit u. a. von ihrer individuellen Anlagestruktur, den soziokulturellen Bedingungen und dem jeweiligen Lehrerverhalten bzw. den hergestellten Lernarrangements bestimmt. Für den Pädagogen veränder- und beeinflussbar sind die Umweltbedingungen, vornehmlich die innerschulischen. Alle pädagogischen Bemühungen und alles pädagogisch-didaktische Engagement muss somit darauf gerichtet sein, eine förderliche Lernumgebung für alle Kinder zu gestalten. Statt kindliche Begabungen vorauszusetzen oder angebliche Begabungsgrenzen feststellen zu wollen, sollte es im Sinne eines dynamischen Begabungsbegriffs das Ziel von Schulorganisation und Didaktik sein, sich daran zu orientieren, wie Begabungen entwickelt werden können, wie die manifesten, aber gerade auch die latenten Lernmöglichkeiten von Schülerinnen und Schülern optimal herausgefordert und entfaltet werden können.

Leistung ist norm- und zweckbezogen

Ohne eine Definition dessen, was als eine Leistung anerkannt werden soll oder was nicht, geht es nicht. Leistung per se gibt es nicht. Erst mit Hilfe bestimmter Normen ist es möglich, ein bestimmtes Verhalten als Leistung erwartbar, akzeptabel und beurteilbar zu machen. Ob ein Verhalten letztlich als eine Leistung anerkannt wird, kann im schulischen Bereich von offiziellen, offiziösen und subjektiven Normsetzungen abhängen, wobei insbesondere die zuletzt genannten für den Schüler die unberechenbarsten sind. Deshalb bedürfen alle Leistungsforderungen grundsätzlich der Transparenz und der Evidenz, was jeweils die Frage impliziert, was mit welcher Begründung und für welche Ziele gelernt werden soll. Die Zweckfrage ist unmittelbar an die Normfrage gebunden. Zumindest dann – davon sollte ausgegangen werden –, wenn der Bildungsauftrag der Grundschule umfasst, „die grundsätzliche Bereitschaft und die Fähigkeit des Kindes zum Lernen in der Institution Schule aus(zu)bilden oder – wo die Bereitschaft und Fähigkeit bereits angebahnt sind – sie (zu) pflegen und (zu) kultivieren" (*Faust-Siehl* u. a. 1996, S. 21). Dies gelingt am besten, wenn es sich für das Kind um bedeutungsvolle, sinnhafte, mit großem Gebrauchswert ausgestattete Lerninhalte handelt. Demgemäß verbietet es sich von selbst, schulische Leistungen zu fordern, „um beim Schüler die Bereitschaft zu erzeugen, für maximale Anreize Beliebiges unter hoher Anstrengung zu tun" *(Prenzel/Schiefele* 1991, S. 491). Statt dessen sollte eine von der Sache motivierte Lernhaltung erzeugt werden. „Zu wirksamem Lernen und Leisten brauchen Kinder immer wieder neue, ihren Kräften gemäße, innere Beteiligung gewinnende Herausforderungen, die sie anregen und ermutigen, über das vorher Wahrgenommene, Erlebte, Erkannte und Gekannte hinauszugehen und so ihre Fähigkeiten zu steigern, zu differenzieren und ihr Wissen auszuweiten" (*Faust-Siehl* u. a. 1996, S.33). Dadurch kann ihnen nicht nur der Sinngehalt ihres Lernens vermittelt werden, sondern ebenso der Weg gebahnt werden, an Entscheidungen über die Auswahl von Lerninhalten und der Festlegung von Leistungszielen und Leistungsgegenständen beteiligt zu werden. Von Fall zu Fall wird man diese Entscheidungen den Kindern sogar ganz anvertrauen können.

Leistung ist produkt- und prozessbezogen

Im traditionellen immer noch in der Schule anzutreffenden Leistungsverständnis wird allzu oft und allzu unbedenklich ausschließlich das Lernergebnis zum Gegenstand einer Lernkontrolle gemacht. Die Konzentration auf das fertige Endprodukt vernachlässigt hingegen die Lernwege, die erst gegangen werden mussten, um zum Ziel zu gelangen. Der gesamte Prozess der Aneignung mit seinen vielfältigen Auseinandersetzungen mit und seinen Beziehungen zum Lerngegenstand, die zahlreichen kleinen Zwischenschritte, die so viel Mühen, Konzentration und Durchhaltevermögen gekostet haben, aber auch von Aha-Erlebnissen und neuem Mut begleitet wurden, bleiben als Leistungen unbeachtet. Erstaunlicherweise geschieht dies unbeschadet vorliegender wissenschaftlicher Erkenntnisse, mit welchen der diagnostische Wert erfasster prozessualer Aspekte für die wirksame Einleitung von individuellen Fördermaßnahmen belegt werden konnte. Dabei dürfte es doch auf der Hand liegen, dass erstens vom Lernergebnis abgeleitete pädagogische Maßnahmen sehr viel ungenauer sein müssen, weil die davorliegenden Lernereignisse aus dem gezeigten Endprodukt rekonstruiert werden müssen und in der Regel nicht auf prozessbegleitende Beobachtungen zurückgegriffen werden kann. Und damit können zweitens Modifikationen immer nur nachträglich durchgeführt werden und nicht prozessbegleitend. Um Lernen und Leisten nicht ausschließlich auf das Resultat zu vereinseitigen, bedarf es der Diagnose von beiden Komponenten eines zusammen zu betrachtenden Ereignisses: des Lernvorgangs und des Lernresultats.

Anmerken ließe sich noch, dass eine Zensurengebung zwangsläufig produktorientiert erfolgt, weil die individuellen Voraussetzungen, die ein Kind für einen Lernprozess mitbringt, ebenso wenig durch eine Zensur zum Ausdruck gebracht werden kann wie die sich jeweils darauf vollziehenden Lernfortschritte.

Leistung ist individuelles und gemeinsames soziales Lernen

Schule soll Kinder bei der Ausbildung tragfähiger Grundlagen für eine lebenslang andauernde Lern- und Leistungsmotivation und für soziales Verhalten unterstützen. Soziales Lernen ist kein künstliches Anhängsel schulischen Lernens, sondern eine für die Gesellschaft und Demokratie wichtige Aufgabe.

Unter Beachtung des Ich-Bezugs vieler Kinder muss besonders die Grundschule – als Eingangsstufe des Schulsystems – auf die Förderung des Gemeinschaftssinns Wert legen. Nur so kann einer Ellenbogen-Mentalität rechtzeitig begegnet werden, einer zunehmenden sozialen Isolierung und Vereinzelung der Kinder entgegengewirkt und Toleranz als eine ethische Verpflichtung in einer Gesellschaft mit hohem Ausländeranteil und kultureller Vielfalt gelernt und praktiziert werden. Ein einseitig individualistisch, ausschließlich auf den Einzelnen ausgerichtetes Leistungsverständnis führt unausweichlich zum dauerhaften sozialen Vergleich zwischen den Kindern und zur anhaltenden Konkurrenzorientierung. Demgegenüber bedarf es der Herstellung einer Balance zwischen den legitimen individuellen Bedürfnissen des einzelnen Kindes und den berechtigten Interessen der Gesellschaft, einer miteinander korrespondie-

renden Entwicklung von Ich-Identität und Wir-Identität (vgl. *Faust-Siehl* u .a. 1996, S. 34).

Soll Lernen und Leisten in Formen des Miteinanders geübt und gefördert werden, bedarf es der Schaffung entsprechender Lernumwelten und unterrichtlicher Arrangements, insbesondere der regelmäßigen Durchführung kooperativer und kommunikativer Arbeits- und Sozialformen.

Leistung ist problemmotiviertes und vielfältiges Lernen

Im Unterricht werden den Schülerinnen und Schülern überwiegend einseitig verbal-kognitive Leistungen abverlangt, wobei nicht nur die Monokultur des Lernens zu kritisieren ist, sondern ebenso dessen Niveau. Der weitaus größte Teil schulischen Lernens findet nämlich auf der rezeptiven bzw. reproduzierenden Ebene statt. Höhere Lernzielstufen wie die „selbstständige Reorganisation des Gelernten" und die „Übertragung des Gelernten auf neue Sachverhalte" (vgl. Deutscher Bildungsrat 1970, S. 79) bleiben dagegen häufig unberücksichtigt. Auch Aufgabenstellungen, die „problemlösendes Denken und entdeckende Denkverfahren fördern" (ebenda, S. 80) sind eher selten Gegenstand schulischen Unterrichts.

Wenn in diesem Zusammenhang zuweilen die Anhäufung bloßen Wissens beklagt wird, dann geschieht dies nicht in der Absicht, den Stellenwert der Vermittlung von Wissen in der Schule generell in Frage zu stellen. Denn, wie neuere Erkenntnissen, aus der Kognitionspsychologie zeigen, darf die Wissenskomponente im Zusammenhang mit dem schulischen Lernen nicht vernachlässigt oder unterschätzt werden.

Die Bedeutung des Wissens für das menschliche Denken kann als gesichert gelten (vgl. *Weinert* 1997). Was allerdings zu Recht moniert wird, ist die häufige Verengung auf und gleichzeitige Überhäufung mit deklarativem (Gewusst was) Wissen bei gleichzeitiger Vernachlässigung von prozeduralem (Gewusst wie) Wissen. Beide Wissensarten gehören zusammen und bedingen einander. „Wer weder über inhaltliches Wissen noch über geeignete Strategien verfügt, schneidet am schlechtesten ab; wer auf beide Wissenssysteme zurückgreifen kann, erzielt erwartungsgemäß besonders gute Leistungen" (*Jürgens* 1997, S. 172). Von daher ist vielfältiges, problembewusstes Lernen ein Lernen in Zusammenhängen sowie in vollständigen Lernprozessen, weil zum einen unterschiedliche Lernaufgaben und -anforderungen ein Lernen auf verschiedenen Lernzielstufen ermöglichen und zum anderen für die Bearbeitung sowohl deklaratives als auch prozedurales Wissen aktiviert bzw. erworben werden muss. Des Weiteren bietet ein die „Sach- und Sinnzusammenhänge wahrendes Lernen" (*Faust-Siehl* u. a. 1996, S. 38) für die Kinder die Gelegenheit, selbst eine Verbindung von Verstand, Gefühl und Tätigkeit herzustellen und somit Lernen ganzheitlich zu erleben. Aufforderungsstarke Lernsituationen sind solche, die den Kindern ermöglichen, ihre Neugier zu leben, indem sie neue Erfahrungen machen können, d. h. das zu Lernende mit ihrer Alltagswelt und ihren Interessen in Beziehung bringen können. Mehrdimensionaltät schulischer Lern- und Arbeitsprozesse schafft für die Kinder vielfältige, ihrer Verschiedenartigkeit entsprechende Lernzugänge und eröffnet dadurch Sinn stiftende, problemmotivierte Auseinandersetzungsprozesse. Jedem Kind werden so auf seine Kompetenz bezogene Anknüpfungspunkte gewährt.

In dem Maße, in dem es der Grundschule gelingt, für Kinder bedeutungsvolles, Sinn stiftendes Lernen zum Gegenstand von Unterricht zu machen, bietet sie zugleich Gelegenheit zur Demonstration selbstverantworteter Leistungsbereitschaft, welche eine wichtige Voraussetzung für selbsttätiges und selbstständiges Lernen ist. Die aus einem derartigen Unterrichtskontext hervorgehenden Leistungs(an)forderungen werden mit großer Wahrscheinlichkeit Schülerinnen und Schüler zu einem weitestgehend freiwilligen und angstfreien sowie durch Einsicht getragenen Willen zur Leistung bewegen.

Leistung ist anstrengendes und gekonntes Lernen

Lernfreude und Leistungsmotivation, Anstrengungsbereitschaft und Leistungszuversicht etc. stehen in gegenseitiger Abhängigkeit. Nichts ist dauerhaft motivierender als das Erleben von Erfolg, von Könnenserfahrungen. Selbst gesetzte oder fremdbestimmte Leistungsforderungen dienen der Herausforderung mit dem Ziel der Selbsterprobung und der Selbstbeanspruchung. Die Absicht, etwas leisten zu wollen, sich an neue Lerninhalte heranzuwagen und sich mit ihnen in zum Teil sehr mühevoller Arbeit auseinander zu setzen, bedarf in der Grundschule noch des Öfteren der einfühlsamen Anregung, der helfenden Unterstützung und der intensiven Beratung durch die Lehrerin. Ein positives Selbstkonzept basierend auf einer festverwurzelten Hoffnung auf Erfolg ist in einem entscheidenen Maße davon abhängig, inwieweit es einem Schüler gelingt, sich selbst angemessene Lern- und Leistungsziele zu setzen, d. h. bezogen auf seine Entwicklung und seine Lernvoraussetzungen sich nicht zu hohe oder zu niedrige Marken vorzugeben. Dem Grundsatz der Ermutigung und Förderung gemäß müssen wir den Kindern die

24

nötige Zeit und die nötigen Handlungs-möglichkeiten (u. a. durch Differenzie-rung) geben, damit sie ihre Selbstein-schätzung auf ein realistisches Maß ein-pendeln können. Auch um nicht vor-schnell aufzugeben oder an der eigenen Unvollkommenheit zu verzweifeln, wenn etwas nicht auf Anhieb gelingen will, be-darf es des ermunternden, verständnis-vollen Wortes. Gerade weil wir uns be-wusst sind, dass Lernen anstrengend ist, gilt unser Hauptaugenmerk, Kinder nicht dadurch zu missachten, dass man ihnen die Mühen des Lernens erlässt, sondern sie dadurch zu achten, dass man Respekt zeigt vor der schwierigen Aufgabe des Wachsens (*Korczak*) und sie deshalb herausfordert, über das bisher Erreichte hinauszukommen.

Im Laufe ihres Lernens werden die Schü-lerinnen und Schüler auch die Erfah-rung von Misserfolg machen. Sie werden feststellen müssen, dass Misserfolg zu haben, Fehler zu machen bzw. einer Lernsituation (noch) nicht gewachsen zu sein, auch an sich nichts Außergewöhnli-ches bedeutet. Ja, Fehler machen (zu dür-fen) gehört zum Lernen dazu, heißt Ler-nen. Die Wahrnehmung des Fehlers und der Umgang mit diesem wollen aber ge-lernt sein. Hierbei brauchen Kinder die tröstliche Zuwendung und die motivie-rende Stützung, damit Lernen und Ler-nenwollen nicht an Schwung und Selbst-bewusstsein verlieren, weil die Angst vorm Fehler, die Neugier, Neues zu ent-decken und zu erproben, erstickt.

Mit der Entwicklung des pädagogischen Leistungsbegriffs wurde die argumenta-tive Voraussetzung dafür geschaffen, Leistungserziehung in der Grundschule in deutlicher Absetzung vom ökono-misch durchwirkten Leistungsbegriff der (beruflichen) Alltagswelt durch-führen zu können. Damit allerdings nicht stillschweigend dennoch Grundzü-ge des gesellschaftlichen Leistungsprin-zips den schulischen Alltag bestimmen, zumal die Klassifikations- und Selekti-onsfunktion weiterhin so lange bestehen bleibt, wie die Schule Verteilungsinstanz für Lebenschancen ist, bedarf es einer entsprechenden Unterrichtsgestaltung. Die Chancen zur Realisierung des pädagogischen Leistungsverständnisses werden um so größer sein, je mehr die schulischen und unterrichtlichen Bedin-gungen auf dieses abgestellt werden. Leistungserziehung auf der Grundlage des entworfenen Leistungsbegriffs kann nicht unabhängig von der gesamten Grundschularbeit gedacht werden.

Unterrichtsgestaltung und pädagogischer Leistungsbegriff

Aus den Ausführungen zur Grundschule als Haus des Lernens und Lebens lässt sich als Fazit ein Unterrichtsverständnis entwickeln, das wesentliche Komponenten eines schülerzentrierten, offenen Unterrichts enthält (vgl. *Jürgens* 1998 b, S. 45f.). Das sozial-emotionale Klima in der Klasse soll von Offenheit, Vertrauen und Vertrautheit, Ermutigung, Anerkennung, Lob, Zuwendung, Geborgenheit, emotionaler Wärme etc. geprägt sein. Selbsttätiges, erfahrungsbezogenes und handlungsorientiertes Lernen sowie soziales Lernen sollen den Unterricht bestimmen. Das Kind soll Subjekt im Lernprozess sein. Ihm sollen Mit- und Selbstbestimmungsmöglichkeiten in verschiedenen Bereichen und auf unterschiedlichen Niveaus zugebilligt werden: bei der Ziel- und Inhaltsauswahl, bei der Lernkontrolle, bei der Inanspruchnahme von Hilfen, der Festlegung von Zeitbedarfen und der Wahl von Arbeitstechniken.

Individualisierung des Lernens unter dem Gebot der individuellen Förderung gewinnt als pädagogische Leitlinie einen herausragenden Stellenwert. Differenzierter Unterricht in Form von Binnendifferenzierung und „Selbstdifferenzierung" ist dann die logisch-didaktische Konsequenz. Damit alle Kinder zu Lernerfolgen kommen können, müssen neben differenzierten Lernangeboten auch differenzierte Leistungsanforderungen gestellt und differenzierte Hilfestellungen gegeben werden. Des Weiteren müssen als Konsequenz auf die heterogenen Lernentwicklungen der Kinder Differenzierungen hinsichtlich der Lerntempi,

der Zeitbedürfnisse und der Lernumfänge vorgenommen werden. Gerechtigkeit und Achtung vor dem Kind zu haben bedeutet unter der Perspektive des Förderprinzips auch Ungleichbehandlung, damit jeder das erhält, was er für seine persönliche Entwicklung braucht. Gleichheit in den Lern- und Leistungsanforderungen würde zu fortbestehender Ungleichheit führen, sie möglicherweise sogar in ihren Auswirkungen noch verschlimmern oder zuspitzen.

Das Kind zum Subjekt im Lernprozess zu machen, heißt es wahr- und ernst nehmen als eine Person, die zur Selbstaktivität, zur Selbstverantwortung und zur Selbststeuerung im Zusammenhang mit schulischen Lernarrangements fähig und bereit ist. Die Lern- und Unterrichtsformen, in denen die Subjektrolle besonders zum Tragen kommt oder besser, in denen die Kindern in diese eigenaktive Rolle hineinwachsen können, entstammen dem offenen Unterricht. Es sind u. a. die Arbeit nach einem Tagesplan bzw. Wochenplan, das Lernen an Stationen, die freie Arbeit, die Werkstattarbeit, das Lernen an außerschulischen Lernorten und die Projektarbeit. Offene Unterrichtsformen lassen viele Handlungsfreiräume für selbst gesteuerte, eigenverantwortliche und erfahrungsorientierte Lernaktivitäten. Sie bieten außerdem eine Reihe guter Möglichkeiten, individuelles und soziales Lernen miteinander zu verbinden, indem beispielsweise Verhalten wie Hilfen annehmen und Hilfen geben in gemeinsamen Arbeits- und Aktionsformen stattfinden kann oder bestimmte Aufgabenstellungen in

26

Partnerarbeit oder in der Gruppe bewältigt werden. Die wechselseitige Abhängigkeit von Unterrichtsgestaltung und Realisierung des pädagogischen Leistungsbegriffs ist offensichtlich.

Der Lernbegriff der heutigen Grundschule ist ein ganzheitlicher, weil fachliches und überfachliches Lernen miteinander verknüpft, individuelle und soziale Erfahrungen ermöglicht, Handlungs- und Praxisbezug gestärkt werden, sowie sich an der Alltagswelt und den Interessen der Kinder orientiert wird. „Sinnhaftigkeit und Anwendungsbezug werden erfahrbar sein müssen, wenn Lernen dauerhafte Bildungswirksamkeit haben soll" (Bildungskommission NRW 1995, S. 82 f.). In der Schule müssen deshalb vielfältige Möglichkeiten geschaffen werden, damit die Kinder eigene Zugänge zu den Lerninhalten gemäß ihren individuellen Lernmöglichkeiten und ihren bereits ausgebildeten Lernkompetenzen wählen können, damit sie ihre Interessen und Neigungen, aber auch ihre Alltagserfahrungen und ihre biografischen Bezüge einbringen können und als ganze Person bei der Sache sein können. D. h. das Kind wird aktiv, weil es zum einen die dafür nötigen Handlungsfreiräume erhält und zum anderen, weil es innere Beziehungen zum Lerngegenstand herstellen kann. Dieses Aktiv-werden-wollen ist an Selbsttätigkeit, Selbstständigkeit und Handlungsfreiheit gebunden. Das Vertrauen in die eigene Leistungsfähigkeit, die gewonnene Zuversicht und die errungene Gewissheit, weiteres Lernen erfolgreich bewältigen zu können, sind entscheidend davon abhängig, wie viel Raum für die eigentätige Bewältigung von „Unterrichtsstoff" gewährt wird.

Ohne die Bereitstellung offener Unterrichtsformen kann der pädagogisch legitimierte Leistungsbegriff nicht erfüllt werden. Zweifellos bestand auch in vergangenen Tagen schon das pädagogische Bemühen, dem Grundsatz der ermutigenden Erziehung in der Grundschule zu folgen, soziales Lernen zu fördern und (innere) Differenzierungsmaßnahmen durchzuführen. So lange aber das überwiegend gleichschrittige, gleichnormierte Lernen aller Kinder zur Regel gemacht wurde (und wird), sind den Intentionen eines pädagogischen Leistungsbegriffs enge Grenzen gesetzt.

27

Pädagogische Leistungsbeurteilung

Es besteht noch ein weiterer zwingender Zusammenhang, nämlich der zwischen der Realisierung eines pädagogischen Leistungsbegriffs und einer darauf bezogenen Leistungsbeurteilung. Auf Grund des zuvor beschriebenen wechselseitigen Abhängigkeitsverhältnisses zwischen pädagogischem Leistungsverständnis und der Unterrichtsgestaltung ergeben sich Konsequenzen für die Durchführung von Leistungsbeurteilungsprozessen. Außerdem haben auch die Aspekte „Würde", „(Selbst)Achtung", „Gerechtigkeit", „geschützter Raum" und „Lern- und Entwicklungsvielfalt" einen erheblichen Einfluss auf eine in Einklang mit dem pädagogischen Leistungsbegriff erfolgende Leistungsbeurteilung. Eine demgemäße Leistungsbeurteilung soll als eine pädagogische bezeichnet werden, weil mit ihr der Anspruch erfüllt werden soll, Schülerinnen und Schülern ebenso differenzierte wie systematische Rückmeldungen zu ihren Lernprozessen und Lernresultaten zu geben. Darüber hinaus sollen die Beurteilungen ihnen Informationen für die Gestaltung ihres weiteren Lernens vermitteln.

Wenn demgegenüber andere Leistungsbeurteilungen als unpädagogisch bezeichnet werden, dann müssen notgedrungen einige Worte zur Zensurengebung erfolgen. Derjenige unter den Lesern, der nun allerdings einen längeren Diskurs über die „Fragwürdigkeit der Zensurengebung" (*Ingenkamp* 1971) erwarten sollte, wird enttäuscht werden. Genug ist in den letzten Jahren zu dieser Thematik geschrieben worden. Die Kritikpunkte, Einwände, Vorbehalte und offenen Probleme sind in zahlreichen Veröffentlichungen zu genüge wiederholt worden (vgl. u. a. *Ingenkamp* 1995, *Jürgens* 1997, *Ziegenspeck* 1977, *Preuß* 1994, *Sacher* 1994, *Olechowski/Rieder* 1990, *Schnitzer* 1981). Deshalb werden hier nur einige Anmerkungen zu einzelnen Aspekten gemacht.

Anstatt eine aussagekräftige, informative Rückmeldung über seine Lern- und Arbeitsleistung zu bekommen, erhält ein Kind mit einer Zensur lediglich eine dürftige Mitteilung darüber, ob es erfolgreich oder nicht in seinen Anstrengungen war und wie diese im Vergleich zu seinen Mitschülerinnen und Mitschülern eingestuft werden. Die hauptsächliche Information der Zensur besteht in der rangplatzmäßigen Einordnung, mit der die Schülerin bzw. der Schüler die Auskunft erhält, besser oder schlechter als jemand anderes oder gleich gut bzw. gleich schlecht wie jemand anderes aus der Lerngruppe abgeschnitten zu haben.

Neben der Rangplatzinformation gibt die Zensur dem Kind noch weiter recht allgemein zu verstehen, ob es künftig geboten scheint, sich in seinen Bemühungen zu steigern oder ob es ausreicht, lediglich in diesen nicht nachzulassen. Nicht selten wird darin die „Anreizfunktion" von Zensuren gesehen. Kinder, die sich in ihren persönlichen Ansprüchen (mitunter sind es auch die Ansprüche der Eltern oder von beiden zusammen) und den darauf abgestimmten Lernanstrengungen bestätigt fühlen, wollen den Erfolg beibehalten und werden demnach weitermachen wie bisher. Diejenigen, die mit sich und ihrem Lernen (noch) nicht zufrieden waren, werden künftig mehr tun wollen, um sich dann auch über ihren in einer Zensur ausgedrückten Lernerfolg freuen zu können.

Diese der Zensurengebung zugeschriebene Funktion korreliert unmittelbar mit einer weiteren: der Disziplinierungsfunktion. Mit den Notenstufen 5 und 6 wird nicht nur die Nachricht über einen Misserfolg im Vergleich zu allen anderen Schülern mitgeteilt, sondern zugleich ein „Strafzettel" ausgestellt. („Für deine Unaufmerksamkeit, deinen mangelnden Fleiß oder deine Aufsässigkeit erhältst du hiermit die gerechte Quittung".) Aber nicht nur unzureichende Zensuren können für ein Kind zur Strafe werden. Selbst durch obere Notenstufen kann ein Kind bestraft werden bzw. sich bestraft fühlen, weil es eine bessere Zensur erwartet hatte, weil es sich doch so viel vorgenommen hatte und sich deshalb so sehr angestrengt hat.

Wahrscheinlich ist es gerade dieser Informationsarmut zuzuschreiben, die die weiterhin hohe Akzeptanz und Beliebtheit der Ziffernzensuren innerhalb und außerhalb der Schule erklärt. Schnell und offenkundig kann eine kategoriale Zu- und Einordnung des Lernresultates erfolgen. Jeder der unmittelbar Beteiligten, wie die Lehrerin, der Schüler bzw. die Schülerin und die Eltern, erhalten über die Zensur eine an Simplizität kaum noch zu überbietende Rückmeldungen, die für sie aber als Information auszureichen scheinen.

Der Zweck, wenige dafür aber „eindeutige" Informationen zu erhalten, scheint gewährleistet und ist bezogen auf bestimmte Informationsbedürfnisse der Zensur auch gar nicht abzusprechen. Zusammenfassend könnte man demnach sagen: Der Informationsverlust durch Informationsverdichtung, wie er der Zen-

sur immanent ist, macht gerade ihre fragwürdige Stärke aus. Fragwürdig insbesondere deshalb, weil jeder, der sich von berufswegen mit Leistungsbeurteilungsprozessen in der Schule auseinander setzen muss und von daher mit der Zensurengebung konfrontiert werden wird, um diese Informationsdefizite wissen müsste.

In der Unterschlagung relevanter Informationen zum Lernen und Arbeiten von Schülerinnen und Schülern liegt auch das Unpädagogische einer in Noten vollzogenen Leistungsbeurteilung. Aus einer zu einer Ziffer zusammengefassten Leistungsbewertung lässt sich weder erkennen, welche Lernentwicklung erfolgt ist, welche Lernschritte und welche Anstrengungen unternommen wurden, noch welche Lerngegenstände bearbeitet wurden. Auch über die Art und den Kontext von Fehlern oder der Bewältigung erfolgreicher Lern(um)wege lässt sich nichts erfahren. Ebensowenig darüber, wie ein Kind am besten weiterlernen sollte. Komplexe Sachverhalte können ausschließlich in verbalen Beurteilungen berücksichtigt und ausgedrückt werden.

Notengebung verengt den Zugang zum Lernen des Kindes, da nachweislich nur leicht Messbares und einfach zu Beurteilendes, wie abfragbares, rezeptives Wissen und reproduzierendes Können, sich durch Zensuren erfassen lässt. Vielfältige, ganzheitliche Lernprozesse müssen ebenso unberücksichtigt bleiben wie oft auch entdeckend-problemlösendes Lernen und Transferleistungen. Ebenso ist es durch die Vergabe von Zensuren unmöglich, etwas über die Eingangsvoraussetzungen der Kinder zu erfahren. Mit ihnen kann nichts über die individuellen Bedingungen, unter denen ein Kind in der Schule gestartet ist, gesagt werden, auch nichts über sein außerschulisches Umfeld.

Noten sind auch deshalb informationsarm, weil ihnen eine Transparenz der am Zustandekommen ausschlaggebenden Faktoren fehlt. „Noten geben weiter keine Auskunft darüber, welcher Vergleichs- oder Bewertungsmaßstab ihnen zu Grunde liegt. Es lässt sich nicht erkennen, ob der Lehrer hohe oder niedrigere Leistungsanforderungen stellt, sich die Klasse durch hohe Leistungsfähigkeit auszeichnet oder die Leistungsfähigkeit im Durchschnittsbereich liegt und wie eine bestimmte Note im Vergleich zu den Noten der Mitschüler zu interpretieren ist. Auch ist nicht ersichtlich, ob der Lehrer aus pädagogischen Überlegungen ... etwa eine Note bewusst verbesserte oder verschlechterte in der Hoffnung, Motivation oder Disziplinierung beim Schüler zu bewirken" (*Rieder* 1990, S. 20). Mithilfe ziffernfreier Beurteilungen ist demgegenüber eine Beschreibung qualitativer Anforderungsniveaus und Lernzielstufen möglich. Grundsätzlich könnte jede Zensur auch in Worten ausgedrückt und alle Informationen der Zensur könnten auch mithilfe verbaler Beurteilungen vermittelt werden. Umgekehrt können die Informationen, die sich durch die verbale Beurteilungsform darüber hinaus erfassen ließen, nicht durch eine Note weitergegeben werden. Für eine auf persönliche Wertschätzung und individuelle Unterstützung abzielende Leistungserziehung ist es besonders wichtig, individuelle Lernentwicklungen und Lernresultate zu beurteilen. Das Wesen einer pädagogischen Leistungsbeurteilung in der Grundschule zeigt sich vorzugsweise in der differenzierten Berücksichtigung des persönlichen Lernfortschritts eines Kindes – und nun müsste ergänzt werden – im Vergleich zu sich selbst, d. h. zu seinem bisherigen Lernerfolg. Damit kommt die Bezugsnorm, die für eine bestimmte Bewertung gelten soll, in den Blick.

Das Bezugsnormproblem

In den kritischen Einflechtungen zur Zensurengebung wurde u. a. bemängelt, dass eine Leistungsbeurteilung in Form einer Zensur lediglich die Aufstellung einer Besser/Schlechter-Rangreihe zuließe und damit zu sozialen Vergleichen führe. Die Einordnung eines Lernresultats in die Leistungsbandbreite einer Lerngruppe in dieser Weise ist ein direktes Ergebnis der zu Grunde liegenden Norm. Wie man es drehen oder wenden mag, ohne den Bezug auf eine Norm zu nehmen, kann keine Beurteilung erfolgen. Die Frage, die sich unmittelbar daraus ergibt, müsste lauten: Welche Bezugsnormen lassen sich in der schulischen Leistungsbeurteilung unterscheiden, und auf welche Norm bzw. welche Normen sollte zurückgegriffen werden, wenn eine pädagogische Leistungsbeurteilung erfolgen soll? Hinzuzufügen wäre noch, ob es bezüglich der beiden Beurteilungsformen Notengebung und verbale Beurteilungen (zwangsläufig) unterschiedliche Bezugsnormen geben muss oder ob es auch die eine oder andere übereinstimmende geben kann bzw. sollte? Grundsätzlich lassen sich für die Beurteilung von Schülerleistungen drei Bezugssysteme unterscheiden:

1. Der intraindividuelle Maßstab (individuelles Bezugssystem), bei dem der persönliche Lernfortschritt bewertet wird. Es wird ermittelt, was das einzelne Kind – bezogen auf seine Ausgangsleistung – dazugelernt hat. Dadurch wird es möglich, selbst kleine Lernfortschritte, für die mitunter große Anstrengungsleistungen notwendig sind, anerkennend zu würdigen.
2. Der interindividuelle Maßstab (soziales Bezugssystem), bei dem die individuelle Schülerleistung im Vergleich zu allen anderen Leistungen innerhalb einer

Gruppe bzw. Klasse beurteilt wird, dessen Mitglied die betreffende Schülerin (zufällig) ist. Eine Leistung wird mit Gut oder Sehr gut beurteilt, wenn sie die (willkürlich) festgesetzte durchschnittliche Leistung übertrifft, während ein Mangelhaft oder Ungenügend bedeuten, dass der Lernende unterhalb der festgelegten Marke geblieben ist. Mit dem Vergleich der Leistungen geht, gewollt oder nicht, immer auch ein Vergleich der Schüler untereinander einher.

3. Der kriteriumsorientierte Maßstab (sachliches Bezugssystem), bei dem das angestrebte Lernziel für die zu beurteilenden Leistungen zur Bezugsnorm gemacht wird. Im Unterschied zum sozialen Bezugssystem wird nicht eine wie auch immer geartete Orientierung an dem Durchschnittsschüler zur Beurteilungsgrundlage gemacht, sondern die sich aus dem Lernziel ergebenden sachlichen Leistungsanforderungen, und zwar unabhängig von der Gruppenleistung. Eine Leistung wird dann als Gut oder Sehr gut beurteilt, wenn die Anforderungen vollständig oder nahezu vollständig erfüllt wurden. Weniger gute Beurteilungen erfolgen, je weiter das Lernziel verfehlt wurde. Entscheidend ist die Festlegung der Linie, unterhalb derer ein Lernziel als nicht erreicht gelten soll, zumindest dürfte einsichtig sein, dass zu 50% erfüllte Leistungsanforderungen nicht mehr mit Ausreichend beurteilt werden können. Eher wird die Richtschnur zwischen 75% bis 80% liegen.

Wir hatten neben der Frage nach den Bezugsnormen für die schulische Leistungsbeurteilung weiter gefragt, welche Norm für die Realisierung einer explizit pädagogischen Leistungsbeurteilung besonders geeignet zu sein scheint. *Sacher* (1994) hat diesem Aspekt eine ausführliche Stellungnahme gewidmet. Um zu einer Bewertung der verschiedenen Maßstäbe in der Leistungsbeurteilung zu kommen, sind wir darum auf Normen bzw. auf wissenschaftliche Erkenntnisse angewiesen. *Sacher* führt zwei grundlegende Forderungen als Entscheidungshilfe an:

„1. Sofern die schulische Leistungsbeurteilung eine Handlung im pädagogischen Feld Unterricht ist, muss man die Verträglichkeit der zu Grunde gelegten Bezugsnormen mit den allgemeinen Erziehungszielen fordern.

2. So weit die Bewertung der Schülerleistung sich an einen Messvorgang im engeren oder weiteren Sinne anschließt und auch formal die Gestalt eines solchen Messvorgangs hat, sollte sie den Anforderungen der üblichen Gütekriterien haben" (S. 50).

Daneben treten nach *Sacher* noch drei Gesichtspunkte, von denen einer besonders erwähnenswert scheint: „Schließlich sind auch die mutmaßlichen oder nachweisbaren Wirkungen einer entsprechenden Beurteilungspraxis auf Schule, Gesellschaft, Lehrer und Schüler in Erwägung zu ziehen" (ebenda).

Sollte eine Entscheidung über die Bezugsnorm der Leistungsbeurteilung allein auf der Grundlage der „allgemeinen Erziehungsziele" zu treffen sein, dürfte für die Grundschule zumindest klar sein, dass der soziale Maßstab von vornherein auszuschließen ist, weil er selbst bei einer in groben Zügen durchgeführten Prüfung nicht bestehen kann. Zu eklatant sind die Widersprüche, insbesondere hinsichtlich der Individualisierung des Lernens, der Förder- und Differenzierungsthematik sowie des sozialen Lernens. Schon schwieriger wird die Sache, wenn es dann um eine Entscheidung zwischen der individuellen und der sachlichen Bezugsnorm geht. So lange die Schule nämlich nicht nur einen Erziehungs- und Bildungsauftrag hat, der jeder Schülerin und jedem Schüler die

Wahrnehmung des Rechts auf Bildung garantiert, sondern zugleich auch die zentrale Entscheidungsinstanz für die Verteilung von Sozialchancen und die Vergabe von Zertifikationen ist, wird es vergleichbare Außenkriterien zwangsläufig geben müssen. Gleiche Anforderungen sollen garantieren, dass jeder vergleichbare Leistungen bezogen auf das Erreichen einer Sachnorm nachweist, um in den Genuss einer amtlichen Bescheinigung zu kommen, die ihm z. B. den Besuch einer weiterführenden Schulform oder die Aufnahme eines Studiums an einer Fachhochschule und einer Universität erlaubt. Vorher festgelegte Kriterien sollen jedem, der eine bestimmte Qualifikation anstrebt, unmissverständlich deutlich machen, worauf er sich einzustellen hat und woran seine Leistungen gemessen werden. Diese Gleichbehandlung, die sich in gleichen Anforderungsniveaus und in gleichen Durchführungsmodalitäten für alle ausdrückt, wird als ausgesprochen gerecht empfunden, obwohl keine gleichen Chancen bestehen. Wenn also nebeneinander in einem Schulsystem sowohl die individuelle als auch die sachliche Bezugsnorm angewendet werden, dann werden ebenso nebeneinander die egalitäre und die differenzierende Gerechtigkeit auftreten und damit zu einem pädagogischen Dilemma führen. Gleichzeitig sowohl Gleich- als auch Ungleichbehandlung durchführen zu wollen, kann nur unter Verletzung eines der beiden Gerechtigkeitspostulate geschehen, was, je nachdem, aus der einen oder anderen Perspektive wiederum zu neuer Ungerechtigkeit führt.

Aus dem Blickwinkel der Heterogenität der Schülerschaft, den unterschiedlichen Lernvoraussetzungen und Lernentwicklungen der Grundschulkinder ist es demnach leicht pädagogisch zu rechtfertigen, wenn der individuellen Bezugs-norm zumindest in den beiden ersten Schuljahren der unbedingte Vorzug gegeben wird. Erst danach ist es frühestens vertretbar, wenn die sachliche Bezugsnorm stärker beachtet wird bzw. orientierend wirkt. Der individuelle Maßstab sollte aber weiterhin während der gesamten Grundschuldauer in der Leistungsbeurteilung gelten. Die herausragende Wichtigkeit des individuellen Bezugssystems für die beiden ersten Schuljahre ergibt sich aus entwicklungspsychologischen Erkenntnissen. Danach gelingt dem fünf- bis sechsjährigen Kind noch nicht „zu Produkten seiner Tätigkeit kritisch Stellung zu nehmen, sie qualitativ zu bewerten und zwischen seiner Person und seiner Leistung zu unterscheiden" (*Rieder* 1990, S. 16). Leistungserbringungsprozesse sind noch unmittelbar an das Erleben als geliebte oder ungeliebte Person gebunden. Findet eine Leistung Lob und Anerkennung, fühlt sich das Kind selbst bestätigt und gewürdigt, wird seine Leistung zurückgewiesen oder getadelt, fühlt es sich selbst abgewiesen und herabgesetzt. „ Das sich in der Entwicklung befindliche Selbstwertgefühl ist noch sehr empfindlich und negative Kritik an der Leistung wird nur schwer bewältigt ... Nach Befunden von Hetzer (1933) sind die Schüler erst im 8. und 9. Lebensjahr fähig, eine sachlichere Haltung in Bezug auf die Leistungsbeurteilung einzunehmen" (ebenda). Diese schon vor Jahrzehnten erkannten Zusammenhänge zwischen der Bezugsnormorientierung in der Leistungsbeurteilung und der Entwicklung einer positiven und selbstbewussten Ich-Stärke werden sowohl in der Schulpraxis als auch in der Kultusbürokratie wie in der Bildungspolitik leider noch zu oft vernachlässigt. Ferner wird ebenfalls in der wissenschaftlichen Literatur zu wenig auf diese Zusammenhänge eingegangen. Auch die empirische Datenlage zur Verbalbeurteilung kann von dieser Kritik nicht ausgenommen werden.

Wenn man nun auf Grund der Analyse des Aufgabenspektrums der heutigen Grundschule unter Beachtung des gesellschaftlichen Phänomens der veränderten Kindheit zu dem Ergebnis kommen muss, dass im Vordergrund der schulischen Erziehungs- und Bildungsarbeit Differenzierung und Förderung als fundamentale Marksteine zu stehen haben, dann wird die Anwendung der individuellen Bezugsnorm in der Leistungsbeurteilung unumgänglich werden. Und damit auch die Verbalbeurteilung.

Es könnte sicherlich jemand, trotz der gemachten Einwände insbesondere zur Informationsarmut, die Frage stellen, ob die individuelle Bezugsnorm wirklich den Verzicht auf Noten zwingend erforderlich macht. Die Antwort könnte ein Nein sein, wenn die individuellen Lernzuwächse in eine Rangskala gebracht würden, d. h. dass beispielsweise ein Kind, das sich von einem Diktat zum anderen um 5 Fehler verbesserte, eine Zwei erhielte, obwohl es insgesamt noch immerhin 22 Fehler gemacht hat, und ein anderes Kind, das sich nur um 1 Fehler verbessern konnte, ein Ausreichend bekäme, obwohl es insgesamt ungleich besser abgeschnitten hat, weil nur 9 Fehler über das ganze Diktat verteilt vorlagen. Die Absurdität eines derartigen Vorgehens, abgesehen vom wiederum auftretenden Gerechtigkeitsdilemma, wird offensichtlich, weil damit zum einen das gesamte Zuteilungs- und Berechtigungssystem der Schule in seinen gewohnten und anerkannten Formen aus den Fugen geraten würde und zum anderen würden individuelle Lernzuwächse auf das Messen, sprich das Zählen von Fehlern reduziert.

Anders sieht es dagegen bei der Anwendung der sachlichen Bezugsnorm in der Leistungsbeurteilung aus. Gegen die Zensurengebung sprächen keine technischen Gründe oder anderweitige Nützlichkeitserwägungen, sondern ausschließlich die weiter oben gemachten gewichtigen pädagogischen Einwände hinsichtlich der grundsätzlichen Informationsarmut und mangelnden Differenziertheit der Zensurengebung.

Der individuellen Norm liegt ein Maßstab zu Grunde, der sich auf das Kind als Individuum und auf dessen eigenen Fähigkeiten bezieht. Das jeweilige Kind wird an sich selbst gemessen, es selbst ist der Maßstab. Für die heutige Grundschule ist die Anerkennung und die Anwendung dieser Bezugsnorm, wie gezeigt wurde, ein Gebot pädagogisch verantwortungsvoller Erziehungs- und Bildungsarbeit. Mit der Konsequenz, Beurteilungen in Worte zu fassen und in einem Berichtszeugnis niederzuschreiben. Auf Grund der Selektions- und Zuteilungsfunktion des Schulwesens wird die sachliche Bezugsnorm im Laufe der Grundschule das individuelle Bezugssystem ergänzen müssen, d. h. die Kinder werden damit vertraut gemacht werden müssen, dass für alle gleich geltende Anforderungen (Lernziele) auch Schulwirklichkeit sind. Wegen der vorgebrachten Kritikpunkte und darüber hinaus weiterer in der einschlägigen Literatur umfassend dargelegten Vorbehalte, sollte auch bei Anwendung dieses Bezugssystems auf die Zensurenskalen unbedingt verzichtet werden.

Somit dürfte ebenfalls im Verlauf der Erörterung deutlich geworden sein, dass die soziale Bezugsnorm einer Leistungsbeurteilung mithilfe des Notensystems zwangsläufig inhärent ist, wenn auch nicht ausschließlich. Denn selbst wenn sich ein Lehrer bei seiner Leistungsbeurteilung an der Durchschnittsleistung orientiert und darauf bezogen die Leistungen aller Schülerinnen und Schüler der betreffenden Lerngruppe auf einer Besser/Schlechter-Rangreihe einstuft, kommt es in der Regel zur Anwendung sowohl der sozialen als auch der sachlichen Bezugsnorm. Denn jede Lernkontrolle wird im Allgemeinen auf der Grundlage von Lehrplananforderungen – also unter sachlich begründeten Aspekten – durchgeführt. Damit werden die negativen Wirkungen, die mit der sozialen Bezugsnorm verbunden sind, allerdings nicht geringer.

Mit dem Verzicht auf Zensuren in der Grundschule kann der soziale Vergleich zwischen den Kindern nicht prinzipiell verhindert oder gänzlich aufgehoben werden. Diese Erwartung hegt wohl auch niemand. Sich mit anderen zu vergleichen, gehört zum gesellschaftlichen Leben dazu, ist gesellschaftlich legitim und über den Vergleich generell (und damit auch den konkurrenzorientierten sozialen) entsteht eben auch Ich-Identität. Wenn demnach also jede Leistungsbeurteilung nolens volens dem sozialen Vergleich dienen kann, dann sollte die Schule auf Grund der erkannten Negativwirkungen vor allem für die leistungsschwächeren Kindern und für das soziale Lernen, ihren Beitrag dazu leisten, es so wenig wie möglich zur offensichtlichen Ausprägung und Verfestigung des sozialen Vergleichs kommen zu lassen. Mithilfe einer pädagogisch-psychologischen einfühlsamen Verbalbeurteilung ist dies möglich, denn Zensuren sind nun einmal in der Schule das sichtbarste und wirksamste Zeichen eines auf den sozialen Vergleich beruhenden Selektionsprozesses und Konkurrenzverhaltens. Nicht die Zensurengebung an sich ist das Hauptproblem, sondern vor allem ihre negativen latenten und offenbaren Sozialisationswirkungen.

Da nach *Sacher* (1994) für die Bewertung der Bezugsnormen in der Leistungsbeurteilung auch die Beachtung der Gütekriterien eine entscheidende Rolle spielt und nach seiner Meinung grundsätzlich für alle drei zur Diskussion stehenden Bezugsnormen, vor allem wenn sie der selektiven und allokativen Funktion dienen, die Kriterien von Objektivität, Zuverlässigkeit (Reliabilität) und Gültigkeit (Validität) zu gelten haben, muss sich auch die Verbalbeurteilung dieser Problematik stellen. Die Gütekriterien müssen grundsätzlich auch für die Verbalurteilung gelten, allerdings durchaus mit einigen nötigen und meiner Meinung nach zulässigen Relativierungen.

Zeugnisordnungen für die Grundschule in den Bundesländern

Die „Empfehlungen zur Arbeit in der Grundschule" der Kultusministerkonferenz aus dem Jahre 1970, sind für die Reform der Beurteilungspraxis deshalb von Gewicht, weil mit ihnen den Ländern der Verzicht auf Zensuren in den ersten beiden Klassen nahe gelegt wurde:
„In der 1. und 2. Klasse ist eine allgemeine Aussage über die Leistungen eines Kindes im Hinblick auf das Ziel dieser Schulstufe bedeutsamer als die vorgeblich genaue Benotung der Leistungen in den einzelnen Teilgebieten des Unterrichts. In diesen beiden Klassen ist daher jeweils am Ende eines Schuljahres eine allgemeine Beurteilung des Kindes in freier Form im Zeugnis zu erteilen. Neben der Begutachtung des Sozial- und Arbeitsverhaltens sind Hinweise auf Interessen, besondere Fähigkeiten und Schwächen zu geben. Dabei muss zusammenfassend festgestellt werden, ob und inwieweit die Leistungen mit der Einschätzung des geistigen Leistungsvermögens übereinstimmen. Die allgemeine Beurteilung muss sehr ins Einzelne gehen, wenn das Kind eine Klasse überspringen, eine Klasse wiederholen oder in eine Sonderschule überwiesen werden soll" (*Bartnitzky/Christiani* 1994, S. 31).
In fast allen Bundesländern konnten mittlerweile entsprechende Regelungen getroffen werden, wie die Tabelle auf den Seiten 36–39 zeigt. Für das erste Schuljahr wurde der Empfehlung uneingeschränkt gefolgt, während eine deutliche Minderheit am Ende des zweiten Schuljahres schon wieder Notenzeugnisse (ggf. in Verbindung mit Verbalbeurteilungen) vorsieht.
Insgesamt gesehen verläuft der Trend allerdings anders. Die Mehrheit der Länder lässt auch im dritten Schuljahr Regelungen zu, die darauf hinauslaufen, das Notenzeugnis in seiner uneingeschränkten Stellung durch zusätzlich verbale Beurteilungen zu relativieren oder durch Beschlüsse von schulischen Gremien vollkommen auf Zensuren zu verzichten. Das Recht der Eltern darüber (mit)entscheiden zu können, ob auch in den Klassen 3 und 4 Textzeugnisse beibehalten werden sollen, wurde in einigen Bundesländern erheblich gestärkt. Beispielsweise kann in Nordrhein-Westfalen auf Beschluss der Schulkonferenz auf Notenzeugnisse in der dritten Klasse vollkommen verzichtet werden, während es in Schleswig-Holstein solch eines Votums überhaupt nicht bedarf, weil dort per Erlasslage im dritten Schuljahr generell Berichtszeugnisse zu erteilen sind. Auch in Hamburg und Hessen gibt es vergleichbare Regelungen.
Die Mitwirkung der Erziehungsberechtigten bei Entscheidungen über die Beurteilungsform kann durchaus als ein zwiespältiger Fortschritt betrachtet werden. Einerseits werden zweifellos die Elternrechte in der Schule gestärkt, wenn der Elternwille in wichtigen pädagogischen Fragen nicht nur pro forma berücksichtigt wird, sondern tatsächlich ausschlaggebend ist. Andererseits müssen sich aber die bildungspolitischen Entscheidungsträger in den Ländern zu Recht fragen lassen, warum über eine pädagogische Innovation in den entspre-

Land	1. Schuljahr 1. Halbjahr	2. Halbjahr	2. Schuljahr 1. Halbjahr
Baden-Württemberg		Schulbericht mit sachlichen Feststellungen zum Verhaltens-, Arbeits- und Lernbereich	wie vorher
Bayern	Berichtszeugnis mit Beobachtungen insb. zum Sozialverhalten, Lernverhalten und Leistungsstand	wie vorher	wie vorher
Berlin		verbale Beurteilung umfasst allgemeine Beurteilung zur Person, Aussagen zur Lernentwicklung und zum Leistungsstand in allen Lernbereichen, ggf. weitere Bemerkungen	
Brandenburg	Wortgutachten	wie vorher	wie vorher
Bremen	mündliche Information (Beratungsgespräch) der Erziehungsberechtigten	Lernentwicklungsbericht (umfassende Beurteilung der Lernentwicklung)	wie vorher
Hamburg	mündliche Informationen der Erziehungsberechtigten	allgemeiner Bericht über das Arbeits- und Sozialverhalten und über die Leistungen	wie vorher
Hessen		allgemeiner Bericht zur Lernentwicklung sowie zum Arbeits- und Sozialverhalten, zu besonderen Fähigkeiten und Schwächen, zum Bildungswillen und zur Mitarbeit	
Mecklenburg-Vorpommern	verbale Einschätzung der Lernentwicklung (Lernergebnisse in den Fächern), Lernbemühungen und Entwicklungsfortschritte im Lern-, Arbeits- und Sozialverhalten	wie vorher	wie vorher

2. Halbjahr	ab 3. Schuljahr
Schulbericht mit Zensuren in den Lernbereichen Deutsch und Mathematik	Notenzeugnisse
Berichtszeugnis mit Zensuren in den Fächern Deutsch, Mathematik und Heimat- und Sachkunde	Notenzeugnisse, ergänzt um Bemerkungen über besondere Fähigkeiten, Mitarbeit und Verhalten
nach Beschluss der Klassenkonferenz Noten- oder Wortzeugnis	in den Klassen 3 und 4 Wortzeugnisse jeweils am Ende des 1. Schulhalbjahres (diese können nach Beschluss der Klassenkonferenz durch ein Beratungsgespräch mit den Erziehungsberechtigten ersetzt werden); Schuljahreszeugnisse in den Klassen 3 bis 4 sind nach Beschluss der Klassenkonferenz Noten- oder Wortzeugnisse
wie vorher	nach Beschluss der Klassenkonferenz Lernentwicklungsberichte oder Notenzeugnis
wie vorher	nach Beschluss der Klassenkonferenz Lernentwicklungsbericht oder Zensurenzeugnis
wie vorher	nach Mehrheitsbeschluss der Erziehungsberechtigten (bei Stimmengleichheit entscheidet die Klassenkonferenz) Berichts- oder Zensurenzeugnis
wie vorher	nach Beschluss der Schulkonferenz Berichts- oder Zensurenzeugnis
Zensurenzeugnis mit verbaler Einschätzung des Lern-, Arbeits- und Sozialverhaltens	wie vorher

37

Land	1. Schuljahr 1. Halbjahr	2. Halbjahr	2. Schuljahr 1. Halbjahr
Niedersachsen		verbale Beschreibung der Lernstände in den Lernbereichen des Arbeitsverhaltens, der Interessen, Fähigkeiten und Fertigkeiten	wie vorher
Nordrhein-Westfalen		Aussagen über die Lernentwicklung im Arbeits- und Sozialverhalten sowie in den Lernbereichen/Fächern	
Rheinland-Pfalz		allgemeine Beurteilung von Lernverhalten, Lernbereitschaft, Lernentwicklung, bes. Interessen, Fähigkeiten und Schwierigkeiten, sozialem Verhalten	wie vorher
Saarland	Beratungsgespräch mit den Erziehungsberechtigten	Bericht in freier Form über Entwicklung des Arbeits- und Sozialverhaltens, Hinweise auf Interessen und bes. Fähigkeiten	wie vorher
Sachsen	schriftliche Kurzinformation der Erziehungsberechtigten	Schulbericht mit sachlichen Feststellungen zum Verhaltens-, Arbeits- und Lernbereich	wie vorher
Sachsen-Anhalt	Bericht zum Arbeits- und Sozialverhalten und über die Leistungen	wie vorher	wie vorher m erstmaliger Einschätzun des Leistung stands in de Fächern
Schleswig-Holstein	Berichtszeugnis	wie vorher	wie vorher u ter besonde Berücksicht gung der Le tungen in de Lernbereich Fächern
Thüringen	Wortgutachten	wie vorher	wie vorher

2. Halbjahr	ab 3. Schuljahr
wie vorher	Zensurenzeugnisse ergänzt durch Aussagen über das Arbeitsverhalten, besondere Interessen und Fähigkeiten
wie vorher	Halbjahres- und Jahreszeugnisse in der 3. Klasse wie vorher, allerdings ergänzt durch Zensuren, wenn nicht die Schulkonferenz den Verzicht beschließt, in der 4. Klasse Zensurenzeugnisse
wie vorher	Zensurenzeugnisse
wie vorher	Zensurenzeugnisse (Entwicklungsbericht statt Zensurenzeugnis möglich)
wie vorher	in den Klassen 3 und 4 jeweils kurze Halbjahresinformationen, ggf. mit ergänzender Beurteilung der Schülerpersönlichkeit. Jahreszeugnis in der 3. Klasse in Form eines Schulberichts. Jahreszeugnis in der 4. Klasse als Bildungsempfehlung mit gutachterlicher Gesamtbeurteilung über den Leistungs- und Entwicklungstand
wie vorher, ergänzt durch Zensuren in einigen Fächern; außerdem werden Schrift und Form zensiert	wie vorher, jedoch nur mit der Ergänzung, dass nur im Jahreszeugnis der 4. Klasse eine Gesamtnote für das Fach Deutsch erteilt wird.
wie vorher	In der 3. Klasse Berichtszeugnisse wie vorher, in der 4. Klasse Zensurenzeugnisse mit Beschreibungen des Arbeits- und Sozialverhaltens
Notenzeugnisse mit schriftlichen Bemerkungen	wie vorher

chenden schulischen Gremien immer wieder erneut, d. h. Jahr für Jahr abgestimmt werden muss, es also immer wieder die Gefahr der Zurückweisung oder Ablehnung enthält, wenn im Grunde doch die Richtigkeit der eigenen Entscheidung außer Frage stehen sollte. Wenn die Verantwortlichen in den Kultusministerien beispielsweise die Abschaffung der Zensuren in den Klassen 1 bis 3 oder sogar bis zum ersten Halbjahr der vierten Klasse für pädagogisch richtig erachten, dann kann die Konsequenz eigentlich nur ein entsprechend eindeutiger Beschluss sein und nicht einer, der von der zufälligen Zusammensetzung der Schulkonferenz an der jeweiligen Schule abhängig gemacht wird. Es sei denn, nicht die pädagogische Überzeugung hat zu der Beschlusslage geführt, sondern bildungspolitisches Kalkül, um

(vermutete) Interessen der eigenen Wählerschichten zu erfüllen. Auch mag die Angst (oder beschönigend die Rücksicht) vor den starken Eltern- und konservativen Lehrerverbänden oder vor der Gegnerschaft aus den verschiedenen politischen Lagern wie auch Vorbehalte aus den Schulen selbst eine wichtige Rolle gespielt haben, warum bisher nicht entschiedener in den Kultusministerien der Weg zur Ausweitung der Zensurenfreiheit in den Grundschulen geebnet wurde. Allein sollten diese Gründe wohl aber nicht ausreichen, um das zögerliche Voranschreiten der Zeugnisreform im Primarbereich des Schulwesens zu erklären. Weitere dürften hinzutreten, die sich überwiegend auf die Praxis und damit auf die Implementierung der pädagogischen, diagnostischen und kommunikativen Intentionen beziehen.

Zeugnisordnungen für die Grundschule in Europa

Der Blick über die Grenzen hinweg zeigt kein einheitliches Bild. Zum Teil finden sich im europäischen Ausland Länder, die gemessen am Stand der Bundesrepublik Deutschland sehr viel weiter vorangeschritten sind und ihre gesamte Grundschule zensurenfrei gestalten. Dies ist auch dann der Fall, wenn die Schulbesuchsdauer deutlich über den bei uns üblichen vier Jahren liegt.

Daneben gibt es allerdings eine Gruppe von Ländern, die für die Grundschule in der Regel nur Ziffernzeugnisse kennen, wenn auch mit der einen oder anderen Einschränkung auf Grund eingeleiteter innovativer Bemühungen, wie z. B. in Finnland, Belgien oder der Schweiz.

Zeugnisordnungen in den Grundschulen des europäischen Auslands

Zeugnisse mit Noten	Zeugnisse ohne Noten in der Grundschule	Zeugnisse ohne Noten in weiterführenden Schulen
Belgien Finnland Frankreich Island Liechtenstein Malta Schweiz Türkei Ungarn	Belgien (fläm. Teil) – Beurteilung ohne Noten offiziell empfohlen Finnland (teilw. in 1., 2. und 3. Klasse) Liechtenstein (Zeugnisse ohne Noten in der 1. Klasse offiziell empfohlen) Portugal (1. bis 3. Klasse) Schweiz (Kantone: Basel-Land, Basel-Stadt, Watt, Zug und einzelne Gemeinden des Kantons Zürich in 1. bzw. 1. und 2. Klasse) Albanien Dänemark Großbritannien Irland Italien Niederlande Norwegen Schweden	Dänemark (1. bis 7. Klasse) Großbritannien (von 1. bis 11. Klasse im Allgemeinen keine Zeugnisse mit Noten und formalen Prüfungen) Irland (1. bis 8. Klasse; im Alter von 15 Jahren legt der Schüler eine öffentliche Prüfung ab) Italien (1. bis 8. Klasse) Norwegen (1. bis 6. Klasse) Schweden (1. bis 7. Klasse) Schweiz (Kanton Luzern seit 1981 Projekt SONO – Schule ohne Noten von 1. bis 9. Klasse)

(Quelle: Hanke 1995, S. 361, in Anlehnung an Schmitt 1992)

Wenn man zunächst einmal konstatieren kann, dass sich in der EU eine Tendenz zur Ablehnung einer zensurenbezogenen Leistungsbeurteilung abzeichnet, dann mag diese auch ein Beleg für die Richtigkeit der Argumente jener Kreise sein, die sich in den Ländern der Bundesrepublik Deutschland für eine zensurenfreie Grundschule einsetzen. Entscheidender dürfte allerdings die Tatsache wiegen, dass in einigen europäischen Ländern nicht nur im Zusammenhang mit der Abschaffung der Zensurengebung auf eine längere Tradition zurückgeblickt werden kann, sondern vielmehr, dass die Reformen entschiedener und damit sehr viel weitreichender durchgesetzt werden konnten. Als beispielhaft kann hier nach *Schmitt* (1992) Italien genannt werden, dessen Grundschule sich durch ihren geringen selektiven Charakter auszeichnet, was darauf zurückzuführen ist, dass von den Klassen 1 bis 8 vollkommen auf Zensuren verzichtet wird und statt dessen eine differenzierte verbale Lern- und Leistungsbeurteilung erfolgt, „verbunden mit der gezielten Hinwendung zum einzelnen Kind ... ein inzwischen praxis-erprobtes Phänomen, das in der Schulreformdiskussion auf europäischer Ebene Beachtung verdient" (S. 57).

Auffallend ist, dass in Ländern mit offeneren Schulsystemen auch die Frage nach der Beurteilungsform offener behandelt wird, als in Ländern mit zentralistisch ausgerichteten Schulsystemen, wie beispielsweise den osteuropäischen Ländern, die erst langsam nach dem Zusammenbruch kommunistischer Regierungsstrukturen damit beginnen, ihr Schulwesen umzugestalten, indem neue pädagogische Ideen aufgegriffen werden. Unter den westlichen Ländern bleibt bisher Frankreich hinter dieser Entwicklung zurück, was unmittelbar mit dem zentralistischen Schulsystem und dessen konservativer Starrheit zusammenhängen dürfte.

Fasst man die Entwicklung in den Ländern der Bundesrepublik Deutschland und im europäischen Ausland auf der Grundlage der vorgelegten Daten zusammen, dann lässt sich konstatieren, dass die Frage nach der richtigen Beurteilungsform in der Grundschule im Fluss ist und es vielerorts bildungspolitische und pädagogische Bemühungen gibt, nach Alternativen zu einer alleinigen Ziffernbenotung zu suchen. Weiter lässt sich feststellen, dass insgesamt die Tendenz überwiegt, für bestimmte Jahrgänge oder die gesamte Grundschuldauer auf Zensuren zu verzichten und statt dessen Berichtszeugnisse zu erteilen.

Gegenwärtiger Forschungsstand zur Praxis der Berichtszeugnisse

Die Anzahl der Evaluationen zu Verfahren der Verbalbeurteilung ist im Vergleich zu der empirischen Forschung, die sich mit der Fragwürdigkeit der Zensurengebung auseinander setzt, gering. Das erstaunt um so mehr, als sowohl von den Kultusministerien als auch vonseiten der Praxis große Erwartungen mit der Zeugnisreform in der Grundschule verbunden werden. Ebenso befremdlich muss sicherlich die Zurückhaltung der wissenschaftlichen Pädagogik eingeschätzt werden, obwohl eigentlich ein großes Forschungsinteresse zu erwarten sein dürfte angesichts der von Fachvertretern geführten Kontroverse um das Für und Wider der Abschaffung von Zensuren. Womit die zweifellos als unzureichend einzuschätzenden Forschungsaktivitäten zu begründen sind, ist nicht klar auszumachen.

Auf Grund einer Umfrage bei allen Kultusministerien lassen sich jedoch einige Vermutungen äußern. Insbesondere in den neuen Bundesländern wird (inzwischen) ein Forschungsdefizit deutlich gesehen und demzufolge ein virulentes Interesse an einer Verbesserung der empirischen Datenlage formuliert. Einige der alten Bundesländer teilen diese Ansicht, während jedoch der überwiegende Teil die Strategie zu verfolgen scheint, dass es am besten sei, lieber nichts zu unternehmen aus Furcht davor, negative Ergebnisse könnten der gesamten Reform schaden. Allenfalls werden dann noch Aufträge an Landesinstitute vergeben, die dem jeweiligen Kultusministerium direkt unterstellt und weisungsgebunden sind. Dass mit einer solchen Haltung der konstruktiven Weiterentwicklung mehr geschadet als genutzt werden kann, sollte auf der Hand liegen. Denn ohne eine offene Überprüfung von Ansprüchen und der Realität von Reformvorhaben wird es keine konstruktive, unter breiter Beteiligung der Betroffenen sich ereignende Weiterentwicklung der Schule geben können; allenfalls können Ideologien entstehen und abgesichert werden.

Darstellung wichtiger Untersuchungen und ihrer Ergebnisse

Schmidt (1981) analysierte Grundschulzeugnisse der Klassen 1 bis 4 und führte außerdem eine Eltern- und Lehrerbefragung durch. Die Zeugnisse der beiden ersten Schuljahre waren ausschließlich Verbalbeurteilungen, während die Zeugnisse in den folgenden beiden Schuljahren durch Zensuren ergänzt wurden und allgemeine Einschätzungen zum Lernverhalten enthielten. In der abschließenden Zusammenfassung seiner Untersuchungsergebnisse erklärt *Schmidt*, mit den Verbalbeurteilungen sei es nicht gelungen, „die geforderte präzise, differenzierte Beschreibung des Verhaltens und des Lernstandes zu verwirklichen" (S. 491). Lehrerinnen und Lehrer beschränkten sich auf die klassischen Aspekte grundschulspezifischer Leistungsbeurteilungen, dem Lesen, Schreiben und Rechnen, vernachlässigten aber weitere Gesichtspunkte zum allgemeinen Lern- und Arbeitsverhalten. Zudem würden Lernprozessbeschreibungen und Hinweise auf Förderungsmöglich-

keiten nahezu vollständig außer Acht gelassen. Schließlich konstatiert *Schmidt*, „haben wir aus den Zeugnissen den Eindruck gewonnen, dass das Zeugnisschreiben für die meisten Lehrer eine mühsame und schwierige Pflichtaufgabe ist, der man sich notgedrungen und ein bisschen mürrisch unterzieht, die aber keine Freude macht" (S. 492). Durch zwei weitere Aussagen wird diese Interpretation plausibel. Einerseits hatte die befragte Lehrerschaft große Vorbehalte gegenüber dieser Beurteilungsform, denn nur ca. 30% empfanden Verbalbeurteilungen als eine positive pädagogische Entwicklung, während demgegenüber von etwa zwei Dritteln eine teilweise Rückkehr zu Zensurenzeugnissen in den ersten und zweiten Klassen gewünscht wurde. Ein wesentlicher Grund dafür mag sein, dass die Lehrerinnen und Lehrer große Unsicherheiten im Abfassen von Wortgutachten einräumten. Außerdem, und auch dies ist einleuchtend, wurde herausgefunden, dass sich Lehrerinnen und Lehrer erheblich aufgeschlossener der Zeugnisreform gegenüber zeigten, wenn sie sich zuvor intensiv mit der Zensurenproblematik auseinander gesetzt hatten. Aus diesen Befunden lässt sich folgern:
Eine Reform hat nur dann Aussicht auf Erfolg, wenn bei den Reformträgern eine innere Betroffenheit gegeben ist und somit eine Einstellungsänderung vorausgeht, die sich in Übereinstimmung mit den Reformzielen befindet. Intensive und qualifizierte Vorbereitungen vor allem in Form von Fortbildungsmaßnahmen sind erforderlich, um zum einen die Inhalte einer Reform zu vermitteln und zum anderen, dies hängt unmittelbar zusammen, nicht Gefühle der Unsicherheit und Inkompetenz aufkommen zu lassen, die dazu führen, auf Altbekanntes und Sicherheit Versprechendes zurückgreifen zu wollen.

Die Einführung von Verbalbeurteilungen ist für ihn zwar eine wichtige Komponente einer kindgerechten Grundschule, trotzdem meint *Schmidt*, hätten sich die anspruchsvollen pädagogischen Erwartungen, die mit dieser Reform verknüpft wurden, nicht erfüllt. Er bezweifelt im Gegenteil sogar, dass über ein Kind in einem Zeugnis überhaupt im wörtlichen Sinne berichtet werden kann, sondern hält dies allein schon aus Platzgründen für unmöglich. Vielmehr sollten, so sein Vorschlag, so informationsarme Zeugnisse wie möglich geschrieben werden und das Hauptgewicht auf die um so intensiveren Gespräche mit den Eltern des Kindes gelegt werden.
Zugegebenermaßen hat *Schmidt* mit seiner Kritik an der Berichtsfunktion und deren Informationswert einen der wundesten Punkte der Textzeugnisse getroffen. Soll in einem Zeugnis die Entwicklung des Lern-, Arbeits- und Sozialverhaltens realitätsnah und informativ berichtet werden, dann bedarf es dazu der Beschreibung von Ereignissen, Situationen und interaktiven Zusammenhängen. Dies ist allerdings nicht allein ein Problem des zur Verfügung stehenden Platzes, sondern vielmehr abhängig von der diagnostischen Kompetenz des Lehrers und seiner Unterrichtsgestaltung, um überhaupt über ausreichend adäquates Datenmaterial verfügen zu können. Ein zu geringes Platzangebot auf den Zeugnisformularen kann allerdings zugegebenermaßen von vornherein dazu verleiten, mit geringen Informationen auskommen zu können, weil ein höherer Arbeitseinsatz als redundant angesehen wird. Allerdings daraus den Schluss zu ziehen, „so informationsarme Zeugnisse wie möglich" abzufassen, um über diesen Weg das Gespräch mit den Eltern zu intensivieren, dürfte ein abwegiger sein. Denn die zentrale Kritik an der Informationsarmut der Zensuren führte zur Su-

che nach einer Alternative, die mit der Verbalbeurteilung gefunden sein sollte. Die Forderung nach „informationsarmen" Berichtszeugnissen würde somit den Gegnern dieser Beurteilungsform Argumente an die Hand geben, die schwerlich zurückzuweisen wären. Würden informationsarme Berichte nicht möglicherweise noch die Informationsarmut von Zensuren unterschreiten, sodass als Reform der Reform die Rückkehr zur Notengebung nahe liegend wäre? So oder ähnlich könnten die Fragen lauten, wenn *Schmidts* Vorschlag Schule machen sollte. Genau anders muss die Entwicklung verlaufen: Berichtszeugnisse müssen einen wesentlichen Beitrag zu einer differenzierten, prozessbezogenen Lern- und Leistungsdiagnostik leisten. Und das vorgegebene Platzangebot auf dem Zeugnisformular ist sowieso nur bindend, wenn im jeweiligen Zeugniserlass ausdrücklich verfügt wird, dass der Zeugnistext nicht durch das Hinzufügen von Anlagen ergänzt bzw. weitergeführt werden dürfe.

Benner/Ramseger (1985) führten an drei Grundschulen eine (allerdings nicht repräsentative und mit einigen methodischen Schwächen behaftete) Untersuchung durch. Im Zentrum ihres Vorgehens stand eine inhaltsanalytische Auswertung von 450 Zeugnissen, wozu sie eine idealtypische Klassifizierung vornahmen. Sie unterschieden vier Zeugnistypen: das normative, das schöne, das deskriptive und das entwicklungsbezogene Berichtszeugnis.

Das normative Zeugnis ist vor allem durch Wertmaßstäbe und Ansprüche charakterisiert, die von außen an das Kind herangetragen werden, ohne seiner individuellen Lern- und Leistungsentwicklung angemessen Beachtung zu schenken. Häufig erscheinen im normativen Textzeugnis zensurenartige Äußerungen, beispielsweise wird von „zufrie-

den stellenden oder guten Leistungen" in den Lernbereichen bzw. in den Hinweisen zum Arbeits- und Sozialverhalten gesprochen.

Demgegenüber enthält das schöne Zeugnis durchweg positive Umschreibungen und zeichnet sich gleichzeitig durch eine zum Teil beträchtliche Informationsarmut aus. Verbale Zeugnisse dieser Art enthalten auch normative Aussagen, kennen aber im Allgemeinen nur das erfolgreich lernende Kind und sind in ihrer Grundhaltung beschönigend. Dies äußert sich darin, dass selbst Defizite und Lernschwierigkeiten bzw. -schwächen bemäntelt und schön gefärbt werden. Die Folge ist eine große Unsicherheit bei den Eltern und den Kindern, wie die unkonkreten und im Allgemeinen positiv gehaltenen Formulierungen einzuschätzen sind. Im schönen Zeugnis schlägt sich eine unkritische und missverstandene pädagogische Haltung nieder, die vermeintlich ausschließlich dem Prinzip der Ermutigung unterworfen wird. Jedoch verkehrt sich damit dieses in sein Gegenteil: Geschönte Beurteilungen verfälschen und verklären bewusst die erhobenen Daten und das Bild vom Schüler, was durchaus als eine Missachtung seiner Persönlichkeit verstanden werden kann. Kinder wollen gerecht und objektiv beurteilt werden, und sie müssen darauf vertrauen können, dass ihre Lehrerinnen und Lehrer dies tun.

Von der normativen wie auch der schönen Form unterscheidet sich das deskriptive Zeugnis durch die pädagogische Intention, das Kind so objektiv wie möglich in seinem Lern- und Leistungsverhalten wie auch in seiner Lernentwicklung zu beschreiben und zu beurteilen. Obwohl dieser Zeugnistyp schon einen beträchtlichen Fortschritt zu den beiden vorhergehenden darstellt, ist es in einigen entscheidenen Punkten verbesserungsbedürftig. Denn diesem Zeugnis fehlen vor allem Hinweise zu Verbesserungen und zu Weiterlernmöglichkeiten. Insgesamt gleicht das deskriptive Zeugnis einem nüchternen Tatsachenbericht, dem oft jede noch so kleine Ermutigung ebenso fehlt, wie ein Ausblick darauf, wie es in Zukunft weitergehen kann bzw. sollte.

Den pädagogischen Ansprüchen an ein Berichtszeugnis entspricht am meisten das entwicklungsbezogene Zeugnis, das sich besonders durch die Beschreibung interaktiver Bezüge auszeichnet, indem beispielsweise die von der Lehrkraft zu verantwortenden Einflüsse in ihrer Wechselwirkung mit der Lern- und Leistungsentwicklung des Kindes in die Beurteilung mit einfließen. Weiter beschreibt es „Lernsituationen als Lebenssituationen der Kinder, in denen sich diese entfalten und entwickeln und verweist damit auf die Verantwortung der Schule, solche Situationen auch bereitzustellen"; und „spiegelt einen Unterricht wider, der von dieser Verpflichtung zum persönlichen Engagement für das individuelle Kind geprägt ist" (ebenda, S. 165). Zwar sind auch entwicklungsbezogene Textzeugnisse nicht völlig frei von normativen Aussagen oder beschönigenden Umschreibungen, dennoch sind es durchgängig Berichte, die dem pädagogischen Grundanliegen folgen, nicht nur vorausgegangene Lehr- bzw. Lernprozesse zu beschreiben, sondern ebenso darüber hinaus Maßnahmen für ein erfolgreiches Weiterlernen zu empfehlen oder wenn nötig Hilfen für die Behebung von Lernproblemen zu geben.

Zusammenfassend wird von *Benner* und *Ramseger* festgestellt, dass sowohl der normative als auch der schöne Typ, welche zudem in der untersuchten Stichprobe am häufigsten zu finden waren, weder den Zielsetzungen der offiziellen schulischen Erlasse noch den pädagogischen Hoffnungen der Zeugnisreformer gerecht werden konnten. Wesentlich günstiger sind in dieser Hinsicht das deskriptive, aber vor allem das entwicklungsbezogene Wortzeugnis zu beurteilen. Allerdings konnte gerade dieser Typ am wenigsten von allen Zeugnissen ermittelt werden. Als eine Ursache für die von ihnen gefundene Häufigkeitsverteilung vermuten *Benner/Ramseger* die Art der Unterrichtsgestaltung in der Grundschule und weisen in diesem Zusammenhang auf die enge Wechselwirkung von Zeugnistyp und der Realisierung binnendifferenzierenden Unterrichts hin. Denn unzweifelhaft besteht eine sich gegenseitig bedingende Verknüpfung von Lernbegriff, Unterrichtsgestaltung und pädagogischem Leistungsbegriff sowie zwischen Leistungsbegriff und differenzierter pädagogischer Leistungsbeurteilung, sodass folgender Schluss nahe liegend ist: Je mehr ein Unterricht dem Prinzip der inneren Differenzierung verpflichtet ist, desto günstiger sind die Bedingungen für die Erfassung von Daten, die unerlässliche Voraussetzung für die Erstellung von entwicklungsbezogenen Berichtszeugnissen sind.

Eine repräsentative Untersuchung von Wortzeugnissen der Klassen 1 bis 3 führten *Scheerer/Schmied/Tarnai* (1985) durch. Sie analysierten insgesamt 1840 Zeugnisse aus 37 Grundschulen nach den Dimensionen Sozial- und Arbeitsverhalten. Den Ausgangspunkt ihrer Untersuchung bildete die Hypothese, dass für die Reform der Zeugnisse eine binnendifferenzierende Unterrichtsgestaltung erforderlich ist und dieser Rahmenbedingung in den Verbalbeurteilungen Rechnung zu tragen sei, d. h. ein Zusammenhang zwischen Unterrichtsdifferenzierung und Individualisierung auf der einen Seite und differenzierter Leistungsbeurteilung auf der anderen Seite erkennbar sein müsste.

Allerdings kann die Annahme durch die gewonnen Ergebnisse nicht bestätigt werden, denn der überwiegende Teil der Zeugnistexte deckt sich nahezu genau mit den offiziellen Formulierungshilfen im Beispielkatalog, wohingegen andere eigene Wendungen fast gar nicht auftreten. Beschreibende Aussagen werden zu ca. 96% in den Berichtszeugnissen verwendet und sind überwiegend positiv gefärbt. Allerdings sind nur 3% der Mitteilungen entwicklungsbezogen, was die Autoren – berechtigterweise – zu dem kritischen Urteil kommen lässt, dass damit Erwartungen, wie sie durch die Reform intendiert wurden, enttäuscht werden. Dieser Sachverhalt lässt dann auch *Scheerer/Schmied/Tarnai* zu der folgenden abschließenden Feststellung gelangen: „Das wichtigste Ziel der Reform, die individuelle, an der Entwicklung des einzelnen Schülers orientierte Beschreibung und Beurteilung seines Sozial- und Arbeitsverhaltens findet sich in den untersuchten Zeugnissen kaum verwirklicht. Nicht die Persönlichkeit des Schülers, sondern die des Lehrers bestimmt die Auswahl und die Kombination der Inhaltskategorien, die angesprochen werden" (S. 194).

Wenn offenbar Lehrerinnen und Lehrer, wenn sie Berichtszeugnisse schreiben, dazu neigen, unabhängig von der Klassenstufe, dem situativen Unterrichtsgeschehen und der innerschulischen Lernwelt wie der jeweils einzigartigen Persönlichkeit jedes Kindes, sich auf eine mehr oder weniger große Anzahl standardisierter, zwangsläufig vom konkreten Schülerverhalten abstrahierender Inhaltskategorien zu beschränken und damit mögliche andere Beurteilungen von vornherein auszuschließen, dann ist das ein sehr fragwürdiges und mit Sicherheit nicht hinzunehmendes Vorgehen. Zugleich macht ein solcher Befund sehr klar deutlich, worin mögliche Schwächen von Verbalbeurteilungen liegen können und was unbedingt geschehen sollte, damit sich die Reformansprüche in gelingender Praxis niederschlagen können.

Eine weitere in diesem Kontext aufschlussreiche Evaluationsstudie legten *Elbing/Buschmann* (1985) vor. Sie haben im Wege einer nicht repräsentativen Analyse insgesamt 272 Textzeugnisse von 68 Kindern (von jedem lagen drei Zeugnisse aus den ersten beiden Grundschuljahren vor) unter quantitativen, inhaltlichen und stilistischen Merkmalen ausgewertet. Als die wichtigsten sollen die folgenden Ergebnisse hervorgehoben werden:

• Zu allen drei Zeugnisterminen (ausschließlich verbale Beurteilungen) fallen die Aussagen zum Leistungsstand in den Fächern bzw. den Lernbereichen erheblich umfangreicher aus als zum allgemeinen Lern- und Sozialverhalten.
• Aussagen zum Sozialverhalten betrafen hauptsächlich „Eigenschaften bzw. Charaktermerkmale der Schülerinnen und Schüler" (84% aller Zeugnisse). Zusätzlich wurden noch auffallend oft Bemerkungen zur „Eingewöhnung in der Klasse" (66%) und zur Kategorie „Kontaktverhalten"(62%) gemacht. Die verwendeten Formulierungen ließen eine gewisse Stereotypie vermuten.
• Die häufigsten Aussagen zum Lernverhalten fanden sich zur „Arbeitsweise" (83%), zur „Mitarbeit" (78%), zur „Konzentrationsfähigkeit" (57%) und zur „Motivation" (51%).
• Lernschwierigkeiten wurden bei ungefähr der Hälfte aller Zeugnisse ausdrücklich thematisiert. Ursachen für die Probleme wurden in 21% der Fälle direkt angesprochen. Auffällig und gleichfalls bedenklich war die Tatsache, dass als Quelle der Ursachen häufig allein das Kind ausgemacht wurde, z. B. wenn mangeln-

de Konzentrationsfähigkeit, fehlender Übungsfleiß, Flüchtigkeit bzw. Oberflächlichkeit, Ängstlichkeit oder leichte Ermüdbarkeit als Gründe genannt wurden.

• Immerhin bei nahezu einem Drittel der untersuchten Zeugnisse war die individuelle Bezugsnorm als Beurteilungsmaßstab gewählt worden, wenn über Lernfortschritte insbesondere bei lernschwächeren Kindern berichtet wurde. Hauptsächlich fanden sich in den Verbalbeurteilungen aber Mitteilungen und Beschreibungen über erreichte Leistungen und über Lernergebnisse.

• Auch bei Lernschwierigkeiten wurden die Aussagen meist positiv formuliert.

Ihre Untersuchungsresultate fassen *Elbing/Buschmann* in diesem Fazit zusammen: „Wortzeugnisse halten auf jeden Fall nachhaltiger als die übliche Notenbewertung den Lehrer dazu an, sich auf seine pädagogische Aufgabe – als vielseitige und individualisierende Förderung aller Schüler zu besinnen" (S. 34). Auch wenn durchaus Mängel zu beklagen sind, schon allein die Pflicht, schriftlich ein Verhalten in Form eines Berichts beurteilen zu sollen, führt dazu, sich genauere und weitgefasstere Gedanken zu einem Kind zu machen, als dies bei der Zensurengebung vorausgesetzt werden kann.

Weiter halten es *Elbing/Buschmann* für besonders wichtig, in Zukunft auf die Vermeidung des adjektivistischen Beschreibungsmodus in den Wortzeugnissen zu achten und Verbalbeurteilungen kritisch auf Einseitigkeiten und schwerpunktmäßige Verengungen zu überprüfen.

Genau diese Problematik hatte die Zeugnisanalyse von *Haußer* (1991) zum Gegenstand, der mit seiner Untersuchung von Beschreibungsmodi in Formulierungen der Frage nachging, „inwieweit eine

Verhaltensbeurteilung einer Schülerpersönlichkeit möglichst gerecht werden kann" (S. 343). Er fand heraus, dass Verhaltensbeschreibungen (Verben und Adverbien) häufiger als Seinsbeschreibungen (Adjektive und Substantivierungen) in den herangezogenen Wortzeugnissen verwendet wurden. Eine durchaus ermutigende und positive Entwicklung. Denn damit wurde die auf Grund zuvor dargestellter Untersuchungsergebnisse befürchtete, weil naheliegenderweise zu erwartende Konzentration auf eigenschaftsbezogene Formulierungen (vgl. *Benner/Ramseger* 1985, *Elbing/Buschmann* 1985) nicht bestätigt. Allerdings treten immerhin in mehr als 50% der Textzeugnisse überwiegend Eigenschaftszuschreibungen ohne zeitliche Einordnung auf und vermitteln damit (gewollt oder nicht gewollt) einen statischen, unveränderbaren Eindruck vom Verhalten bzw. bestimmter Merkmale des beurteilten Kindes. Deutliche Mängel wurden darüber hinaus im Bereich der interaktionalen Beschreibungen sowie im Bereich „Lernentwicklung und Förderhinweise" ermittelt (vgl. hierzu auch *Benner/Ramseger* 1985, *Scheerer/Schmied/Tarnai* 1985 und *Schmidt* 1981).

Eine äußerst breit angelegte empirische Untersuchung zur Verbalbeurteilung in der ersten und zweiten Klasse führte *Ulbricht* (1993) durch. Sie befragte Eltern und analysierte sowohl quantitativ als qualitativ die Texte von 264 Zeugnissen. Zusammenfassend kam sie zu folgenden Ergebnissen:

• Es lag in den überprüften Zeugnissen eine eindeutige Dominanz von Aussagen zum Leistungsstand vor. „Damit ist auch dem Verbalzeugnis die Funktion geblieben, primär über die erzielten Leistungen zu informieren und eventuell die Grundlage für administrative Entscheidungen zu liefern" (S. 200), so ihr Kommentar zu diesem Befund (vgl. auch *Elbing/Buschmann* 1985).

• Stärker als es in den bisherigen Untersuchungen zum Ausdruck gekommen ist, wurden die individuelle und die kriteriumsorientierte Bezugsnorm in den Wortzeugnissen beachtet. Allerdings mit einer wichtigen Einschränkung. Betrachtet man das Zeugnis einer Schülerin isoliert, dann wird der individuelle Maßstab nur selten erkennbar. Erst beim Vergleich aufeinander folgender Berichte wird die Orientierung an diesem deutlich. Trotzdem gilt dies nicht für alle Zeugnisse, ein Entwicklungsbezug wird lediglich bei jedem zweiten Kind ersichtlich.

• Hinsichtlich des Sozialverhaltens lagen die Aussagen zahlenmäßig stets hinter jenen zum Leistungsstand wie auch jenen zum Lern- und Arbeitsverhalten. In drei aufeinander folgenden Textzeugnissen vom ersten zum zweiten Schuljahr nimmt der relative Anteil von Anmerkungen und Hinweisen zum Sozialverhalten beständig ab und außerdem überwiegen in diesem Bereich zugleich schablonenhafte, schematische Einschätzungen.

• Im gesamten Zeugnistext nahm der Bereich Lern- und Arbeitsverhalten einen Anteil von etwa einem Drittel ein. Herausgefunden wurde außerdem, dass kindbezogene Erklärungsmuster für die Ursachenbeschreibung bevorzugt wurden. Besonders häufig (in etwa 90% aller Zeugnisse) fanden sich Aussagen zur Ablenkbarkeit bzw. zur Aufmerksamkeit. Störungen im Lern- und Arbeitsverhalten wurden einseitig auf den Schüler projiziert und diesem angelastet. Fähigkeit und Begabung als allgemeine internale Persönlichkeitskategorien werden gleich häufig attribuiert. Hinweise zum Weiterlernen fehlen ebenso wie zur individuellen Förderung.

• Die Textformulierungen geben nur wenige Hinweise auf eine zu erwartende Zensurengebung in den oberen Klassen der Grundschule.

Abschließend kommentiert *Ulbricht* ihre Resultate mit folgenden Worten: „Die Diskrepanz zwischen den Intentionen der Zeugnisreformer und den Ergebnissen meiner Zeugnisanalyse macht deutlich, dass die Verbalbeurteilung per se keine Garantie für eine kindgemäße (Grund-) Schule bedeutet. Während die Leistungsstandbeschreibung in Anlehnung an die Vorgaben des Curriculums zumindest in den Fächern Deutsch und Mathematik bereits differenziert und unter individueller Bezugsnorm erfolgt, erweisen sich die Angaben zum Sozialverhalten als eher unsystematisch und hauptsächlich von der Person des Lehrers abhängig" (S. 212). Eine Kritik, die sich im letzten Teil mit jener deckt, die *Scheerer/ Schmied/Tarnai* als Fazit ihrer Untersuchungsergebnisse gezogen haben.

Ein weiteres Problem, das für die Schule zu einem echten Dilemma werden kann, ist der nicht nur von Eltern und Schülern, sondern auch von Lehrerinnen und Lehrern selbst unternommene Versuch, Verbalbeurteilungen in Zensuren (zurück) zu übersetzen. Weil, wie an anderer Stelle ausgeführt wurde, Textzeugnisse vorrangig der individuellen Bezugsnorm verpflichtet sind, ist eine Übertragung von verbalen Beurteilungen in Zensuren nicht nur aus grundsätzlichen Erwägungen äußerst problematisch, sondern schlechterdings nicht möglich, weil damit ein Wechsel des Maßstabs notwendig würde, letztlich also Birnen mit Äpfeln verglichen würden. Individuelle Lern- und Leistungsfortschritte lassen sich nun einmal nicht sinnvoll in gruppenvergleichsorientierten Rangreihen einordnen.

Über Erfahrungen der am Schulversuch „Zeugnisse ohne Noten in den Klassen 3 und 4 der Grundschule" beteiligten Schulen berichtet *Haenisch* (1996 a). Teilnahmebedingung war das zuvor eingeholte Einverständnis aller Eltern einer Klasse, auf die Vergabe von Zensuren verzichten zu können und statt dessen ausschließlich Berichtszeugnisse zur Regel zu machen. In der Auswertung wird versucht, aus den schriftlichen Stellungnahmen der Schulen, zu der diese verpflichtet waren, erkennbare Erfahrungstrends herauszuarbeiten und zu beschreiben. *Haenisch* betont die Vielfalt an Zeugnistypen und berichtet davon, dass es sogar innerhalb einer Schule große Unterschiede gebe. Als Adressaten kommen sowohl die Eltern als auch die Kinder in Betracht, indem es das Textzeugnis als Bericht an die Eltern gibt wie auch zunehmend das Zeugnis als Brief an des jeweilige Kind. Die Entscheidung, das Zeugnis direkt an den betreffenden Schüler zu richten, wird u. a. getroffen, um dem einzelnen „Kind eine eigene Standortbestimmung sowie persönliche Hilfen für das weitere Lernen" zu vermitteln. Außerdem könne durch eine persönliche Ansprache in Briefform das Mitgeteilte stärker ins Bewusstsein des Adressaten gerückt werden. Gelegentlich werden auch beide Formen parallel praktiziert.

Im Hinblick auf das Schreiben des Zeugnisses wird festgestellt, dass Lehrerinnen und Lehrer anfangs tendenziell auf Formulierungshilfen oder selbst erstellte Vorlagen zurückgegriffen haben, aber mit zunehmender Erfahrung bemüht waren, sich davon zu lösen. Wie schwierig dies sein kann, zeigen wiederholte Aussagen in den Schulberichten. Demzufolge wird auf die Probleme verwiesen, die dadurch entstehen, beim Zeugnisschreiben individuelle Formulierungen finden und Wiederholungen sowie

floskelhafte Sprachwendungen vermeiden zu sollen. Mit dem folgenden Zitat aus dem Erfahrungsbericht einer am Schulversuch beteiligten Grundschule wird noch ein weiteres Problem angesprochen, das hochsensibel und äußerst verantwortungsvoll zu handhaben ist, nämlich die Gefahr, durch das geschriebene Wort zu verletzen, bloßzustellen oder gar zu stigmatisieren. „Es besteht die Gefahr, Verhaltens- und Charakterschwächen zu genau in verbale Beschreibungen der Leistungen einfließen zu lassen. Für die Lehrerinnen und Lehrer ist es ein Balanceakt mit hoher Verantwortung, sachlich, präzise und genau zu beschreiben und dem einzelnen Kind doch seinen indivduellen Schutz vor öffentlicher Kontrolle und Beobachtung zu erhalten (ebenda, S. 18). Das Kind achten heißt unter dieser Perspektive, das Kind bei möglichst genauer Wahrnehmung der Bedingungsfaktoren für sein Lernen und Leisten sichtbar zu machen, ohne es dem Blick der anderen auszuliefern.

Ein weiteres Ergebnis dürfte für die Diskussion um die Ausweitung zensurenfreier Zeugnisse nicht uninteressant sein. Denn auf Grund des erheblichen Zeitaufwandes, der für das Schreiben von Textzeugnissen zu veranschlagen ist, plädierten die meisten Kollegien dafür, die Halbjahreszeugnisse durch Gespräche zu ersetzen. Zu stützen versucht wurde die Argumentation damit, „dass die Beobachtungszeit bis zum Halbjahreszeugnis" für eine angemessene „Beschreibung der Lernentwicklung" nicht ausreiche bzw. sich in diesem Zeitraum keine wesentlichen Änderungen zeigten (ebenda, S. 10). Diese Position dürfte kaum haltbar sein, da gerade die Grundschulzeit im Zeichen rasanter individueller Veränderungen der Lern- und Persönlichkeitsentwicklung eines Kindes steht. Fast ketzerisch könnte dann gefragt werden, warum überhaupt zum Halbjahr Eltern- und Schülergespräche stattfinden sollten, wenn sich doch angeblich nichts geändert hat.

Außerdem werden mit den Erfahrungsberichten der Schulen Einschätzungen dazu vorgenommen, wie sich der Versuch auf die beteiligten Personen ausgewirkt hat bzw. welche persönlichen Veränderungen eingetreten sind. Besonders betont wird, dass die Schülerinnen und Schüler verstärkt für Reflexionen über die eigene Lernentwicklung interessiert und damit stärker in die subjektive Verantwortung für ihr Lernen einbezogen werden konnten. Auch meinten die Lehrerinnen und Lehrer, dass die Kinder ihre Fähigkeiten und Kenntnisse realistischer einschätzen könnten als dies unter den Bedingungen herkömmlicher Leistungsbeurteilung zu beobachten war. Da insbesondere der individuelle Lernfortschritt zum Maß der Beurteilung wurde, gelang es häufiger, Kindern das Bewusstsein zu vermitteln, etwas leisten zu können. Dadurch ließen sich Lern- und Leistungsängste ebenso reduzieren wie das Konkurrenzprinzip, was positive Auswirkungen auf die Lernatmosphäre und das Unterrichtsklima hatte. Die Kinder lernten, die Leistungen von anderen stärker zu achten und anzuerkennen. Schließlich wird in den Schulberichten davon gesprochen, dass ein vermehrtes Lernen um der Sache willen zu registrieren sei.

Von den beteiligten Lehrerinnen und Lehrern wird weiter berichtet, dass der Wegfall der Zensuren einerseits als eine Entlastung empfunden wurde, aber andererseits das Entwerfen und Schreiben der Beurteilungen sowie im Zusammenhang damit stehende Tätigkeiten wie u. a. die Durchführung differenzierter Beobachtungen, die Abfassung von Aufzeichnungen, die Erledigung von Beratungsgesprächen sowie von pädagogischen Konferenzen, die Zusammenarbeit mit weiterführenden Schulen und die Vorbereitung eines differenzierten Unterrichts als Mehrbelastung wahrgenommen werden. Diese wird allerdings als lohnend empfunden, da persönliche „Zuwächse" bei der Beobachtungs- und Beurteilungskompetenz verzeichnet werden konnten und sich zum Teil ein „neues Unterrichtsverständnis" eingestellt hat. Weiter wurden das vermehrt in Gang gekommene Gespräch und die Zusammenarbeit mit den Kolleginnen und Kollegen positiv erwähnt.

Wenn in den Berichten Bezug genommen wird auf Stellungnahmen von weiterführenden Schulen zur Praxis der Verbalbeurteilungen in der Grundschule, was immerhin bei der Hälfte der Fall war, dann werden ausschließlich positive Erfahrungen registriert. Insbesondere wird die deutlich größere Aussagekraft der Wortzeugnisse im Vergleich zu den bekannten Noten hervorgehoben. Da sich mit beschreibenden Beurteilungen der Entwicklungsstand der Kinder detaillierter darstellen ließ, wurden sie als ein gutes Entscheidungsinstrument für die Wahl der weiterführenden Schule betrachtet. Eltern hatten vor Durchführung des Versuchs mit den vielfach bekannten Ängsten und Befürchtungen bzw. Voreingenommenheiten im Hinblick auf den Verzicht von Zensuren zur Leistungsbeurteilung reagiert. Besonders Eltern „leistungsstarker" Schülerinnen und Schüler hatten gemutmaßt, dass sich die ausschließlich verbale Beurteilungsform negativ auf die Anstrengungsbereitschaft ihrer Kinder auswirken würde. Zudem wurden Probleme mit der späteren Umstellung auf die Vergabe von Zensuren an den weiterführenden Schulen erwartet.

Die Reaktionen im Anschluss an den Schulversuch zeichneten aber ein überwiegend positives Bild. U. a. wurde die Aussagekraft verbaler Beurteilungen gelobt, wodurch den Eltern eine umfassendere Sicht ihres Kindes vermittelt werden konnte. Auch hätten Verbalbeurteilungen zu einer Intensivierung des Gesprächs zwischen der Lehrkraft und den Eltern beigetragen. Es wurde jedoch auch nicht unterschlagen, dass einige Eltern – insbesondere der Personenkreis, der der deutschen Schriftsprache nicht ausreichend mächtig war – Schwierigkeiten damit hatten, das Textzeugnis zu verstehen. Schließlich deuteten Elternfragen wie „Wo steht mein Kind in der Klasse?" oder „Ist es nun eine gute oder weniger gute Leistung?" auf eine Bemängelung fehlender Vergleichbarkeit der mit Worten ausgedrückten Leistung hin. Obwohl, dies sollte unbedingt erwähnt werden, die beiden Fragen Unterschiedliches meinen. Geht es bei der ersten um den sozialen Vergleich innerhalb der Klasse, wird mit der zweiten die Sachnorm, das Lernziel angesprochen. Während mit der Verbalbeurteilung die Anwendung des sozialen Bezugssystems in der Leistungsbeurteilung vermieden werden sollte, ist es demgegenüber allerdings für einen guten Bericht erforderlich, das intendierte Lernziel zu nennen und darauf bezogen, Leistungen bzw. Leistungsentwicklung präzise zu beschreiben, und damit wäre eine diesbezügliche Elternkritik berechtigt.

In seinen Schlussbemerkungen kommt *Haenisch* zu einigen beachtenswerten und nicht minder entscheidenden Feststellungen, wenn er u. a. davon spricht, dass durch den Wegfall der Noten neue Sensibilitäten und veränderte Wahrnehmungen entstünden, „es werden eingefahrene und blockierte didaktische Denkmuster aufgebrochen und auch die sozialen Beziehungsformen scheinen eine andere Strukturierung zu erfahren. Auf dieser Basis entwickeln sich offensichtlich dann auch neue Qualitäten des Lernens der Schülerinnen und Schüler,

der Gestaltung des Unterrichts und schließlich der Entwicklung der einzelnen Schule" (*Haenisch* 1996 a, S. 16). Damit wird einmal der Kontext in den Blick genommen, in welchem Leistungsbeurteilung steht und durchgeführt werden sollte. Weiter wird damit gezeigt, wie eine Änderung der Beurteilungsform Einfluss auf das gesamte schulische Feld und auf das Verhalten der davon unmittelbar Betroffenen nehmen kann. Verzicht auf Zensuren zu Gunsten von Textzeugnissen ist eben mehr als der bloße Wechsel eines Verfahrens, weil Leistungsbeurteilung nicht isoliert vom schulischen Lern- und Bildungsbegriff, von den tragenden Erziehungszielen, der konkreten Unterrichtsdidaktik und den persönlichen Einstellungen von Schülern und Lehrern zu eben dieser täglich neu hervorzubringenden und zu gestaltenden Unterrichtspraxis betrachtet werden kann. Sie ist immer abhängig von dieser Praxis, wirkt aber zugleich auf diese in ganz bestimmter Weise ein und beeinflusst das Bewusstsein von Lehrern und Schülern darüber, wie Leistungsbeurteilung unter den jeweils zu gestaltenden Bedingungen stattfinden kann. Mit der Änderung der Beurteilungsform müsste demnach eine Änderung des Unterrichts und der persönlichen Einstellung gegenüber diesem neuen Verfahren, wenn nicht sofort so doch allmählich, stattfinden. Dies scheint sich auch zu bestätigen, wenn *Haenisch* weiter resümiert, dass die Arbeit mit den zensurenfreien Beurteilungen dazu geführt habe, „dass sie (die Lehrerinnen und Lehrer) ihren Unterricht stärker von den Schülerinnen und Schülern aus sehen und denken" (ebenda).

Aber auch umgekehrt kann es zu vergleichbaren Konsequenzen kommen. Je weiter der Unterricht von einer Lehrerin geöffnet wird, je stärker sie Schülerzentrierung zu einem zentralen didaktischen Prinzip macht, um so zwingender wird für sie ein Wechsel von der Notengebung zur zensurenfreien Beurteilung erscheinen (vgl. *Schaub* 1993). Bemerkenswert ist auch in diesem Zusammenhang das Ergebnis zu dem Statement „Auf Grund der Beurteilungen ohne Noten hat sich mein Unterricht in den Klassen 3 und 4 gegenüber früher völlig verändert". 29% der Befragten stimmen „voll und ganz bzw. weitgehend zu, 38% entscheiden sich für „stimmt teilweise", während 33% „stimmt nur wenig bzw. stimmt nicht" ankreuzten. Hätte man auf Grund des zuvor behaupteten Zusammenhangs von Unterrichtsgestaltung und Leistungsbeurteilungspraxis einerseits einen höheren Anteil zustimmender Antworten erwarten können und dürfen, so sollte andererseits bedacht werden, dass möglicherweise die Fragestellung selbst ein positives Ergebnis verhindert hat. Denn es ist doch sehr fraglich, ob sich auf Grund der veränderten Beurteilungsform der Unterricht „völlig" zu verändern habe. Naheliegender dürften doch schrittweise oder partielle Änderungen und Umorientierungen sein, zumal die Klassen 1 und 2 schon immer zensurenfrei (in NRW) waren und dies wahrscheinlich bereits zu in Ansätzen verändertem Unterricht geführt hat. Außerdem werden auch schon vorher offenere Lern- und Unterrichtsformen trotz Zensurengebung von einem Teil der Befragten realisiert worden sein. Damit wird diese Antwortverteilung unfreiwillig zu einem Beispiel für eine schwierig zu interpretierende und letztlich informationsarme Empirie, wenn keine weiteren Informationen zur Ausgangslage der Befragten vorliegen, wodurch der Rezipient eine vergleichende Zuordnung vornehmen könnte. In diesem konkreten Fall wäre es schon hilfreich gewesen, wenn ebenfalls Statements zum eigenen Unterrichtsverständnis in die Untersuchung einbezogen worden wären, sodass Zusammenhänge erkennbar gewesen wären. So muss im Ungewissen bleiben, ob Personen, die angaben, die Aussage treffe „nur wenig" bzw. „gar nicht" zu, dies taten, weil sie jene Unterrichtsformen weiterhin beibehalten haben, die schon den Unterricht mit einer Leistungsbeurteilung in Form der Notengebung dominierten oder weil sie schon vorher veränderten Unterricht praktizierten.

Mit einer Untersuchung zur Verbalbeurteilungspraxis, an der 102 Lehrerinnen und Lehrer teilnahmen, konnte *Jürgens* (1997 a) bestätigen, dass sich die Zeugnisreform (aus dem Jahr 1979 für Nordrhein-Westfalen mit der Maßgabe, in den Klassen 1 und 2 auf Zensuren zu verzichten) ideell durchgesetzt zu haben scheint. 94 % der Befragten sind mit der Einführung von Textzeugnissen zufrieden, 43 % befürworten eine Ausdehnung der Reform auf die dritte Klasse und gar 10 % sprechen sich für eine zensurenfreie Sekundarstufe I aus. Vor allem wegen ihrer (behaupteten) größeren Aussagekraft und Differenziertheit werden Verbalbeurteilungen den Ziffernzeugnissen vorgezogen. Des Weiteren plädieren die Befragten für Verbalbeurteilungen, weil sie bei dieser Zeugnisform die Möglichkeit hätten, Lernentwicklungen detaillierter festzuhalten und lernschwächere Schülerinnen und Schüler nachhaltiger zu ermutigen.

Weil die verhaltensnahe, reflektierende Schülerbeobachtung eine zentrale Rolle im Zusammenhang mit verbaler Beurteilung von Schülerleistungen spielt, galt Fragen zur gegenwärtigen Beobachtungspraxis das besondere Interesse. Die Ergebnisse deckten ein noch immer weithin verbreitetes konservatives Vorgehen auf, was in dieser Eindeutigkeit nicht erwartet werden konnte. Während die klassischen diagnostischen Instrumente wie mündliche Beurteilungen und schriftliche Lernkontrollen mit ca. 60% der Antworten weit vorne lagen, konnten andere Beobachtungs- und Beurteilungshilfen wie Beobachtungsbögen, Zettelkästen bzw. Karteikartensysteme zusammen knapp 16% der Antworten auf sich vereinen. Immerhin entfielen auf das pädagogische Tagebuch noch knapp 20% der Antworten. Auf Grund dieser Verteilung darf vermutet werden, dass im Umgang mit praxisnahen Beobachtungshilfen noch ein hoher Aufklärungsbedarf besteht und die Praxis zu großen Teilen noch nicht genügend für die Wahrnehmung dieser Aufgabe sensibilisiert werden konnte. Zum einen hatte ich eine größere Verbreitung des pädagogischen Tagebuchs erwartet, zumal immer wieder in Grundschulzeitschriften und in einschlägiger Pädagogikliteratur zur Grundschule dessen Handhabung leicht verständlich dargestellt wird und dessen praktischer Nutzen unbestritten scheint. Zum anderen überraschte der hohe Stellenwert, der immer noch den herkömmlichen Formen der Leistungsfeststellung eingeräumt wird. Vielleicht eine Parallele zur weiter oben bereits erörterten Untersuchung von *Ulbricht* (1993), die bekanntlich zu dem Ergebnis gekommen ist, dass Aussagen zum Leistungsstand in den von ihr analysierten Textzeugnissen vorherrschten, während demgegenüber Aussagen zum Lern- und Arbeitsverhalten wie zum Sozialverhalten auffallend weniger gemacht wurden. Möglicherweise sind diese Ergebnisse auch als ein Indiz für eine weiterhin des Öfteren praktizierte ergebnisorientierte Leistungsbeurteilung in der Grundschule zu interpretieren, und zwar entgegen eigener Überzeugung und pädagogischer Leitideen zur Leistungserziehung in der Grundschule.

Bei der Frage nach der persönlichen Vorbereitung auf die Implementierung fiel auf, dass sich die meisten der befragten Lehrerinnen und Lehrer den Umgang und die Anwendung von Verbalbeurteilungen selbst, d. h. autodidaktisch, beigebracht haben. Kaum von Bedeutung sind in diesem Zusammenhang die beiden Ausbildungsphasen, unerwarteterweise ebenso die Lehrerfortbildung und völlig unverständlicherweise auch der Austausch im eigenen Kollegium. Dies alles zusammen deutet darauf hin, dass es in den einzelnen Schulen völlig unterschiedliche Zugänge zur Praxis der Verbalbeurteilung gibt und demzufolge eine ebenso unterschiedliche Handhabung von Wortgutachten. Damit könnte sich eine kaum zu unterschätzende Gefahr auftun, wenn nämlich an Stelle intersubjektiver Verständigung über und durch die inhaltlichen Aussagen der Textzeugnisse allein subjektivistische Deutungsmuster und Redewendungen diese prägen würden.

Zusammenfassende Schlussfolgerungen

Soll die Einführung zensurenfreier Zeugnisse in der Grundschule langfristig zu einem echten pädagogischen Fortschritt werden, der auch Zeichen setzen könnte für die Suche nach alternativen Beurteilungsformen in der Sekundarstufe I, dann scheint es unbedingt empfehlenswert zu sein, die Ergebnisse der bisher vorliegenden empirischen Untersuchungen ernst zu nehmen und darauf zu untersuchen, was sie zu einer Optimierung der bestehenden Verbalbeurteilungspraxis beitragen können. Denn eine radikale, schonungslose Kritik wird eher zu konstruktiven Lösungsansätzen führen als eine verwässernde, beschönigende Kritik. Auch wenn die herangezogenen Untersuchungen sich in Methode und qualitativer Güte unterscheiden, können den Befunden dennoch eine Reihe aufschlussreicher und übereinstimmender Aussagen entnommen werden. Zusammenfassend lassen sich vier Hauptargumentationslinien finden:

1. Eine verbale Beurteilungspraxis, bei der die inhaltlichen Aussagen in den Berichtszeugnissen größtenteils eigenschafts- und/oder kindzentriert unter weitgehender Auslassung situativer und allgemeiner Rahmenbedingungen und Voraussetzungen formuliert sind, vernachlässigt den Zusammenhang von Ursachen und Wirkungen. Ein ausschließlich auf das Kind fokussierte Urteilsverhalten beinhaltet die Gefahr der „Beeigenschaftung", d. h. der Zuschreibung von relativ stabilen Persönlichkeitsmerkmalen, mit denen das gezeigte und vom Beurteiler erfasste Lern- und Leistungsverhalten erklärt wird (vgl. *Schwarzer* 1979, S. 9). Einer eigenschaftszentrierten Beurteilung fehlt die Berücksichtigung der situativen Unterrichtszusammenhänge, in der das betreffende Verhalten gezeigt und erfasst wurde. „Es hilft nicht viel, wenn man feststellt, dass jemand uninteressiert ... ist, weil sich daraus nur selten spezifische pädagogische Interventionen ableiten lassen" (ebenda, S. 16). Es ist nahe liegend, dass hierdurch kausal-attributive Prozesse und Erwartungsreaktionen sowohl beim beurteilten Kind als auch beim beurteilenden Lehrer in Gang kommen und sich auf Dauer verfestigen, die bei häufigen negativen Urteilen in äußerst verhängnisvolle, die gesamte weitere Lernentwicklung und Lebensperspektive beeinträchtigende Kreisprozesse der Selbstzuschreibung von Versagen einmünden können.

Summative Beurteilungen, zudem noch auf der Grundlage generalisierter, aus dem Zusammenhang gerissener Einzelbeobachtungen und charakterisierender Eigenschaftsaussagen sollten in einem Wortzeugnis unbedingt vermieden werden. Hingegen sind formative Beurteilungen erforderlich, welche unter Berücksichtigung der gezeigten Entwicklung eines jeden Kindes Beobachtungen zu den individuellen Lerngewinnen und -verläufen beschreiben und beurteilen, um somit der jeweiligen Persönlichkeit annähernd gerecht werden zu können. Die Beurteilung zurückliegender Entwicklungen hat zugleich den Effekt, dass deren dynamischer Charakter mit dem Ziel nachgezeichnet wird, möglichst verlässliche Informationen für zukünftige Entwicklungen zu erhalten. Um es zusammenfassend auf den Punkt zu bringen: Verbalbeurteilungen sollten nicht eigenschaftsorientiert, sondern verhaltensnah sein, d. h. entscheidend sind die Situationsarten und die Situationszusammenhänge, in denen sich ein bestimmtes Verhalten ereignet und beobachtet werden kann. Andererseits sollten Prozesse und Entwicklungsverläufe erfasst werden, um auf der Grundlage kontinuierlicher Informationen dem Lernenden konkrete Hinweise für dessen künftige Entfaltung geben zu können.

2. Die Einführung von Verbalzeugnissen führt nicht von selbst zu einer didaktisch, pädagogisch und vor allem diagnostisch anspruchsvollen, die Mängel der Zensurengebung aufhebenden Beurteilungspraxis. Unerlässlich ist es, das Bewusstsein von der Notwendigkeit differenzierter Beobachtung zu stärken. Obwohl es inzwischen zu einer Binsenweisheit geworden sein dürfte, dass nur differenzierte Informationen zu differenzierten Beurteilungen führen und dass weiter differenzierte Informationen zum Lern , Arbeits- und Sozialverhalten von Schülerinnen und Schülern insbesondere durch differenzierte Beobachtungen zu erhalten sind, findet dieser Zusammenhang noch zu wenig Beachtung. Allzu leichtfertig wird des Öfteren der Stel-

lenwert und der Nutzen systematischer lernwegbegleitender Beobachtung unterschätzt. Zusammen damit wird die positive Wirkung von Instrumenten und Techniken gleichermaßen verkannt. Nicht selten in umgekehrter Überschätzung eigener Fähigkeiten. Ohne Hilfsmittel geht es nun einmal nicht, auch wenn es manchen Lehrer geben mag, der vermutet, dass der Einsatz von speziellen Beobachtungshilfen für pädagogisches Diagnostizieren zu quantitatives und zu technologisches Vorgehen bedeute und „daher zu wenig auf das ‚Qualitative' im Menschen und auf das ‚Eigentliche' des pädagogischen Handelns ausgerichtet sei" (*Schwarzer*, S. 10). Jedoch bewirkt nicht ein Instrument an sich eine Verengung auf quantitative Daten, sondern der Umgang mit diesem. Nicht Verzicht wäre die Alternative, sondern ein pädagogisch verantworteter Einsatz von entsprechenden Beobachtungsverfahren und -instrumenten. Denn Ziel ist es nicht, das Kind zu vermessen, sondern es in seinem Lernumfeld sichtbar zu machen als einzigartige Persönlichkeit.

Der Einsatz diagnostischer Hilfsmittel lässt sich noch durch ein weiteres Argument stützen. In verschiedenen Untersuchungen wurde die formelhafte, stereotype Sprache vor allem bei den Beurteilungen des Arbeits- und Sozialverhaltens kritisiert. Zwar ist sicherlich ein Grund für dieses Ergebnis darin zu finden, dass Lehrerinnen und Lehrer in einem mehr oder weniger großem Maße auf standardisierte Formulierungshilfen unterschiedlichster Herkunft zurückgreifen. Offen bleibt trotzdem, ob dieses Verhalten beispielsweise darauf zurückzuführen ist, dass Lehrerinnen und Lehrern nicht genügend eigene Formulierungen beim Schreiben der Textzeugnisse einfallen oder es sich um reine Bequemlichkeit handelt, nicht genauer über die eigene Wortwahl nachdenken

zu müssen. Aber vielleicht liegt es auch daran, dass nur wenige, nicht sehr aussagekräftige Informationen zum Arbeits- und Sozialverhalten vorliegen, weil weder kontinuierlich noch differenziert während des Beurteilungszeitraums beobachtet wurde. Positive oder negative Vorkommnisse werden dann vielleicht in ihrer Auffälligkeit überbewertet und vorschnell als verhaltenstypisch einer Person zugeschrieben, was sowohl zu simplifizierenden Schlussfolgerungen als auch zu stereotypen Beurteilungen führen kann. Demgemäß kann es in den verbalen Zeugnissen auch ohne Verwendung von irgendwelchen Formulierungshilfen zu leerformelhaftem Sprachgebrauch kommen.

Darüber hinaus ist es schon angeklungen: Für den Einsatz diagnostischer Instrumente ist es wichtig, dass sich die Lehrerin vorab intensiv mit deren Handhabung und deren sachlichen Besonderheiten vertraut gemacht hat. Nur so ist beispielsweise eine sinnvolle Abstimmung mit der jeweiligen eigenen didaktischen Praxis erreichbar. Die Entwicklung und die Verwendung diagnostischer Verfahren und die Unterrichtspraxis stehen in unmittelbarer dynamischer Wechselbeziehung zueinander. Beispielsweise ergeben sich aus der Art der Unterrichtsgestaltung und Unterrichtsorganisation Konsequenzen für die Auswahl von Kategorien bzw. Kriterien eines Beobachtungsbogens. So wäre es widersinnig, beispielsweise in einen Merkmalsbogen zur Lernverhaltensbeschreibung solche Beobachtungspunkte aufzunehmen, die auf Grund des eigenen Unterrichtsverständnisses gar nicht von den Schülerinnen und Schülern gezeigt werden können und somit auch gar nicht beobachtbar sein können. Wie sollten etwa Arbeitsmethoden und Lerntechniken, die für selbst gesteuertes und selbst gestaltetes Lernen unverzichtbar sind, von den Schülerinnen und Schülern demonstriert werden können, wenn das Unterrichtsgeschehen vom Lehrer dominiert wird?

3. Für den Adressaten müssen die Textzeugnisse verstehbar sein. Präzise beschriebene, verhaltensnahe sowie eindeutige Informationen sind für die Entschlüsselung des Gemeinten erforderlich. Einigen Untersuchungen zufolge zeigen Wortzeugnisse in dieser Hinsicht erhebliche Mängel, die durch kind- und elternadäquate Formulierungen besonders unter Verzicht auf pädagogisch-psychologische Fachbegriffe bzw. Schlagwörter wirkungsvoll einzudämmen sein sollten. Einen durchaus ernst zu nehmenden Vorschlag macht *Freese* (1990). Nach seiner Überzeugung, die er übrigens als Konsequenz aus den Ergebnissen einer eigenen empirischen Untersuchung gewonnen hat, sollten die verbalen Beurteilungen eines Textzeugnisses von einem Arbeits- und Rechenschaftsbericht begleitet sein, „in dem der Lehrer über seine Zielsetzungen und die Arbeit der zurückliegenden Monate berichtet, und das von der gesamten Klasse Erreichte schildert. Vor diesem Hintergrund lassen sich individuelle Fortschritte einordnen, sodass auch bei einer auf die individuelle Norm bezogenen oder rein deskriptiven Beurteilung der Lehrer die Beziehung zu dem, was in dem vergangenen Lernabschnitt von der Mehrheit der Mitglieder einer Klasse erreicht werden sollte bzw. erreicht wurde, herstellen kann" (S. 22).

Freese missverstehen, hieße zu denken, ihm ginge es um eine Wiederbelebung des sozialen Vergleichs zwischen den Kindern. Mitnichten, er möchte lediglich die individuelle Bezugsnorm durch eine sachbezogene Orientierung ergänzen, weil die Einordnung individueller Lernfortschritte nun einmal nicht losgelöst von den verbindlichen Lernzielen für die jeweilige Klassenstufe aufgeklärt werden kann.

Würde *Freeses* Vorschlag generell in der verbalen Beurteilungspraxis umgesetzt werden können, dann könnten Eltern differenziert sowohl die individuellen Lernfortschritte ihres Kindes vermittelt bekommen als auch den Zusammenhang zwischen individueller Förderung und angestrebten Lernzielen. Nicht zuletzt wird hierdurch auch die pädagogische Verantwortung des Lehrers für die Ermöglichung von positiven Lernumwelten erkennbar. Eine demgemäß genutzte verbale Beurteilung kann deshalb stets zugleich als ein Stück Selbstdarstellung des Lehrers betrachtet werden, „aus der sein pädagogisches Engagement ablesbar ist, was sich wiederum günstig auf seine Zusammenarbeit mit Schülern und Eltern auswirken kann" (ebenda). Aber mit einer eingefügten oder zusätzlichen Dokumentation über die angestrebten Ziele lässt sich noch mehr machen. Sie könnte ein guter Anlass dafür sein, die eigene Arbeit noch einmal Revue passieren zu lassen und über Stärken und Schwächen des eigenen Unterrichts nachzudenken.

4. Neben diagnostischen Aussagen über die Lernentwicklung eines Kindes in dem betreffenden Berichtszeitraum gehören in ein Textzeugnis auch solche Hinweise, die Maßnahmen für ein erfolgreiches Weiterlernen aufzeigen. Was in den Untersuchungen zu Recht kritisiert wurde, war das Fehlen des Zusammenhangs von Diagnose, Prognose und pädagogischem Handeln.

Auf Grund der beurteilten Lernentwicklung, den erreichten Lernzielen und den gezeigten Leistungen lassen sich begründete Erwartungen bzw. Hoffnungen hinsichtlich weiterer Leistungen aussprechen, die wiederum Grundlage für schlüssige pädagogische Entscheidungen sein sollten. Darunter sind dann auch beratende Empfehlungen zu verstehen, was von Elternseite und/oder vom beurteilten Schüler zu tun ist, damit positive Entwicklungen weitergeführt werden oder negative Entwicklungen aufgehalten und durch Veränderungen persönlicher und/oder äußerer Bedingungen in positive Bahnen gelenkt werden können.

Ein Aspekt, der mitunter ein wenig zu kurz zu kommen scheint, ist der, dass eine Klassenlehrerin oft mehr als 20 Berichtszeugnisse zu schreiben hat und sich somit ungewollt in ihrer Wortwahl wiederholt. Diese Wiederkehr würde sofort auffallen, wenn mehrere verbale Beurteilungen nebeneinander gelegt und miteinander verglichen würden. Es besteht demnach die Gefahr während des Zeugnisschreibens von sich aus in formelhafte Standardaussagen zu verfallen. Deshalb muss jeder Zeugnisschreiber selbst entsprechende Gegenmaßnahmen entwickeln. Ein probates Mittel hierbei ist sicherlich, die Schreibprozedur auf mehrere Tage zu verteilen. Wenn täglich nur drei bis fünf Zeugnisse geschrieben werden, ist die Versuchung, in einen stereotypen Berichtsstil zu verfallen, deutlich geringer als bei einer höheren Tagesleistung.

Weiter zeigt auch hierbei der Grundsatz verhaltens- und situationsnaher Beschreibungen und Beurteilungen positive Wirkung. Denn je stärker die Daten der Beobachtungen zu allgemeinen Aussagen gebündelt bzw. verdichtet werden, d. h. je weiter die ins Zeugnis aufgenommene Beurteilung von der konkreten Situation entfernt wird, desto größer ist die Gefahr, zu stereotypen Formulierungen zu kommen. Durch verallgemeinernde Zusammenfassungen von Daten verwischen die Differenzen zwischen den Schülerinnen und Schülern, wodurch vermeintlich „ähnliche" Schülerinnen und Schüler entstehen.

Kriterien zur Verbalbeurteilung

Einen hervorragenden Katalog wünschenswerter Merkmale für die Erstellung von Textzeugnissen hat die Arbeitsgruppe „Zeugnisse ohne Noten in den Klassen 3 und 4 der Grundschule" (1994) am Ende ihres Erfahrungsberichts formuliert. Er eignet sich für die qualitative Verbesserung verbaler Beurteilungspraxis. Schon die einleitenden Aussagen vedeutlichen dies. „Das frei formulierte, nicht an Standardformulierungen orientierte Zeugnis hat sich bei allen Schulen als die angemessene Form herausgestellt. Es ermöglicht die Beschreibung der individuellen Lern- und Leistungsentwicklung ebenso wie deren Bewertung in Bezug auf die persönlichen Möglichkeiten und auf die Anforderungen. Die wünschenswerte Qualität der Aussagen wird allerdings durch die Wahl dieser Zeugnisform allein noch nicht gewährleistet. Die Mitglieder der Arbeitsgruppe haben sich kritisch mit der eigenen Zeugnispraxis auseinandergesetzt. Frei formulierte Zeugnisse, die den Qualitätsanforderungen in besonderem Maße genügen, haben nach ihrer Meinung vor allem die nachfolgend beschriebenen Merkmale" (S. 66).

Das Wort von der Abschaffung der Noten ist schnell ausgesprochen, die Erfüllung der Erwartungen an die alternative Beurteilungsform des Textzeugnisses stellt jedoch eine pädagogisch sehr anspruchsvolle Aufgabe dar. Mit dem Wechsel zur Verbalbeurteilung allein ist es nicht getan. Nötig ist eine Verständigung über konkrete Leitlinien und geeignete Qualitätsmerkmale, die als Kriterien dazu dienen, die Verbalbeurteilungspraxis auf einem hohen Entwicklungsniveau zu sichern und damit zur innerschulischen und außerschulischen Akzeptanz wesentlich beitragen können.

„1. Konkretheit der Aussagen

Die Aussagen sind so formuliert, dass sie sowohl über den individuellen Lernstand als auch über den individuellen Lernprozess des Kindes eindeutig informieren. So wird u. a. dokumentiert, was das Kind im Berichtszeitraum gelernt hat, wie es sich die Inhalte erschlossen hat, wie die Leistungsentwicklung des Kindes in Bezug auf seine persönliche Lernausgangslage sowie in Bezug auf die Anforderungen bewertet wird, was beabsichtigt ist, um die weitere Entwicklung des Kindes zu fördern.

2. Anforderungsbezug

Das Zeugnis gibt Auskunft darüber, in welchem Maße das einzelne Kind die an es gestellten Anforderungen erfüllt. Diese Anforderungen ergeben sich dadurch, dass die Lehrerin/der Lehrer die allgemeinen Vorgaben der Richtlinien und Lehrpläne in verantwortlicher Wahrnehmung des gegebenen pädagogischen Freiraums auf die Lerngruppe/Klasse bezogen konkretisiert. Die Eltern werden über die jeweiligen Anforderungen zu Beginn jedes Schulhalbjahres (gemäß Schulmitwirkungsgesetz) informiert. Die Aussagen der Berichtszeugnisse beziehen sich implizit oder explizit auf diese Anforderungen; sie können dem Zeugnis auch als Anlage beigefügt sein.

3. Benennen von Stärken und Schwächen

Beide Aspekte werden angesprochen, ohne in Schönfärberei oder in Schwarzmalerei zu verfallen. Stärken des Kindes sind nicht nur sein derzeitiger Lernstand (Wissen, Fähigkeiten, Fertigkeiten), sondern auch seine Lernbemühungen und seine noch nicht ausgeschöpften Möglichkeiten. Schwächen werden als Lernschritte verstanden, die das Kind den Anforderungen entsprechend noch vor sich hat und auf die sich die weitere För-

derung der Schule beziehen muss. Das Kind erfährt, dass es etwas kann und beim Lernen unterstützt wird. So wird es zum Weiterlernen ermutigt und kann auch gelegentliche notwendige Ermahnungen akzeptieren.

4. Entwicklungen beschreiben und bewerten

Im Gegensatz zum Notenzeugnis enthält das Berichtszeugnis beide Aspekte: die Beschreibung und Bewertung der Lern- und Leistungsentwicklung des Kindes. Die Beschreibung umfasst Lernstand und Lernprozess. Die Bewertung bezieht sich auf den persönlichen Lernfortschritt und zugleich – implizit oder explizit – auf die gestellten Anforderungen. Bewertet wird nicht durch den Vergleich mit den Leistungen anderer Kinder. Die Bewertung geschieht vielmehr dadurch, dass mit der Beschreibung der bisherigen Lern- und Leistungsentwicklung des Kindes deutlich wird, in welchem Maße diese Entwicklung einerseits über den früheren Entwicklungsstand hinausgeführt hat und andererseits mit den gestellten Anforderungen übereinstimmt. Ersteres wird bei entsprechender Darstellung als Lernfortschritt, Letzteres als Lernmöglichkeit erlebt. Lernen wird als natürlicher, ständiger Prozess erfahren, Bewertung als Gegenüberstellung von Erreichtem mit noch zu Erreichendem. Beschreibung und Bewertung gehen ineinander über.

5. Aufzeigen von Entwicklungslinien

Das einzelne Zeugnis bezieht sich auf die jeweilige Berichtsperiode; es fasst zusammen, wie sich Lernen und Leisten in dieser Zeit entwickelt haben, und zeigt auf, wie diese Entwicklung künftig gefördert werden soll. Die Zeugnisse insgesamt stehen miteinander im Zusammenhang: Das Zeugnis für den abgeschlossenen Berichtszeitraum umschreibt die

Lernausgangslage für die nachfolgende Berichtsperiode. So wird die Lern- und Leistungsentwicklung über einen längeren Zeitraum als kontinuierlich oder diskontinuierlich, vorausschreitend oder stagnierend, gleichmäßig oder schubhaft erkennbar. Leistungen werden so nicht festgeschrieben, sondern als entwickelbar und zu fördern verdeutlicht.

6. Zusammenhang mit vorherigen Aussagen

Die Aussagen des Berichtszeugnisses fußen auf den sonstigen Aussagen zur Lern- und Leistungsentwicklung des Kindes, die während des Berichtszeitraums vom Lehrer/von der Lehrerin gemacht wurden: mündlich gegenüber dem Kind und den Eltern, schriftlich z. B. als Bemerkungen unter Arbeiten. Das Zeugnis stellt aber keine bloße Addition von Einzelaussagen dar. Vielmehr fasst es sie in allgemeiner Form zusammen, sodass die Entwicklung insgesamt deutlich wird.

7. Aufnahme außerschulisch erworbener Fähigkeiten

Außerschulische Einflüsse bestimmen das Lern- und Leistungsvermögen der Kinder ständig mit. Sie sind in ihrem Umfang und in ihrer Tragweite selten genau erkennbar. Besondere Fähigkeiten einzelner Kinder, die eindeutig z. B. im Sportverein, durch privaten Instrumentalunterricht, durch die Pflege von Hobbys erworben sind, werden dann als solche erwähnt, wenn sie im Zusammenhang mit dem Unterricht oder dem Schulleben insgesamt eingesetzt werden oder wenn sie für den Aufbau, die Stärkung, die Erhaltung des Selbstwertgefühls des Kindes wichtig sind.

8. Reflexion des eigenen Unterrichts

Da es die Aufgabe der Lehrerinnen und Lehrer ist, die Kinder auf die verbindlichen Ziele der Richtlinien und Lehrpläne hin bestmöglich zu fördern, muss bei der Beschreibung und Bewertung der Lern- und Leistungsentwicklung des einzelnen Kindes die Gestaltung des Unterrichts ständig mitbedacht werden. Im Zeugnis äußert sich dies z. B. dadurch, dass über besondere Aufgaben berichtet wird, die das Kind erfüllt hat und Hilfen oder unterrichtliche Maßnahmen erwähnt und rückblickend bewertet werden.

9. Aufzeigen von Fördermöglichkeiten

Durch die Reflexion des eigenen Unterrichts ergeben sich in der Regel auch Überlegungen dazu, wie das Kind im Weiteren am besten in seiner Lern- und Leistungsentwicklung unterstützt werden kann. Das Zeugnis enthält daher in der Regel auch Informationen darüber, welche besonderen, differenzierten Fördermöglichkeiten dem einzelnen Kind – nicht nur im Förderunterricht – geboten werden sollen.

10. Vollständigkeit der Aussagen

Das Zeugnis macht Aussagen in Bezug auf die Entwicklung des Arbeits- und Sozialverhaltens sowie – in Verbindung damit – in Bezug auf alle Fächer/Lernbereiche. Dabei verliert es sich nicht in Einzelheiten, sodass der Umfang begrenzt bleibt. Die im Berichtszeitraum erkennbare Tendenz in der Lern- und Leistungsentwicklung wird durch das Zeugnis insgesamt, gegebenenfalls auch bezüglich einzelner Fächer/Lernbereiche, deutlich herausgestellt.

11. Aussagen zum Arbeits- und Sozialverhalten

Im Gegensatz zum reinen Notenzeugnis lassen es Berichtszeugnisse zu, die Entwicklung des Arbeits- und Sozialverhaltens des einzelnen Kindes im Zusammenhang mit seiner Lern- und Leistungsentwicklung insgesamt zu beschreiben. Mit der Darstellung des Bemühens um eine Leistung, des Engagements für Mitlernende, des Akzeptierens von Hilfe und Kooperation, der Begeisterungsfähigkeit für eine Sache etc. werden Prozesse erkennbar, die die umfassende Würdigung der Entwicklung erst ermöglichen. Zugleich wird der Gefahr vorgebeugt, dass die Beschreibung des Arbeits- und Sozialverhaltens zur Charakterbeschreibung des Kindes missrät. Aus diesem Grund wird die integrative Darstellungsweise von der Arbeitsgruppe bevorzugt.

12. Lernen in der Gruppe

Die Berichtszeugnisse enthalten keine Formulierungen, die zum Vergleich der Lern- und Leistungsentwicklungen der Kinder untereinander herausfordern oder als Rangplatz-Aussagen verstanden werden können. Dies betrifft z. B. Hinweise auf einen imaginären Leistungsdurchschnitt, der von einem Kind erreicht, nicht erreicht oder überschritten wird. Aussagen zur Rolle des Kindes in einer Arbeitsgruppe und über gemeinsam erbrachte Leistungen sind hingegen enthalten.

13. Adressaten und Diktion

Berichtszeugnisse richten sich in der Regel an Erwachsene, d. h. im Wesentlichen an die Eltern. Ihre Verständlichkeit wird auch dadurch gesichert, dass die Entwürfe im Kollegium ausgetauscht und diskutiert werden. Dabei wird auf eine natürliche Sprache Wert gelegt: knappe, klar gegliederte Sätze, Ausfalten der Gedanken im Zusammenhang, ggf. mit Beispielen, Vermeiden ungebräuchlicher Ausdrücke. Für die Kinder sind diese Zeugnisse dann leichter zu verstehen, wenn ihnen der Inhalt im Gespräch durch Beispiele erläutert wird.

Berichtszeugnisse in Form von Briefen wenden sich direkt an die Kinder. Diese Diktion ist ihnen meist durch Lehrerkommentare unter schriftlichen Arbeiten vertraut und wird von ihnen als Fortführung der ständigen Gespräche mit der Lehrerin/dem Lehrer verstanden. Verallgemeinerungen bzw. Bündelungen von Aussagen und das Aufzeigen von Entwicklungslinien sind ihnen zugänglich, wenn sie durch Beispiele verdeutlicht werden. Der Adressatenbezug dieser Zeugnisformen sichert die Verständlichkeit für alle Leser" (Arbeitsgruppe „Zeugnisse ohne Noten in den Klassen 3 und 4 der Grundschule", S. 66 ff.).

Dieser Überblick kann als Anregung für eigene Reflexionsprozesse dienen, indem beispielsweise der Frage nachgegangen wird, welche praktischen Probleme wirft die Realisierung der genannten Kriterien auf und wie könnten sie bewältigt werden. Zusätzlich zu ihrer Funktion, die Verbalbeurteilungspraxis zu einer echten Alternative zur Zensurengebung werden zu lassen, kann der Merkmalskatalog von den Leserinnen und Lesern auch dafür benutzt werden, ihr eigenes Verständnis von notenfreien Zeugnissen zu klären.

Informationsgewinn durch Beobachtung

Vermutlich würde keine Lehrerin und kein Lehrer gerne unterrichten wollen, wenn sie und er sich keine Rückmeldungen über den Unterricht durch eigene Beobachtungen verschaffen könnte. Nicht zufällig wird deshalb die Beobachtung auch als „die Hauptmethode der pädagogischen Beurteilungstätigkeit" bezeichnet (*Rosemann* 1975, S. 88). Wie wir bei *Nuding* (1997) nachlesen können, hatte schon *Jean-Jacques Rousseau* (1712–1778) die Notwendigkeit des Beobachtens erkannt, damit der Lehrer seine Schülerinnen und Schüler besser kennen lernt. Unbestreitbar kommt der Methode der Beobachtung allgemein als Möglichkeit der Informationsgewinnung in der Schule eine zentrale Bedeutung zu. Für die Verbalbeurteilung gewinnt die Beobachtung noch zusätzlich an Gewicht, steht doch die Beschreibung und Bewertung von Lernentwicklungen neben der Lernstandsbeurteilung in deren Mittelpunkt. Beobachtung ist jedoch nicht gleich Beobachtung. Im täglichen Unterricht beobachten Lehrerinnen und Lehrer vielfach ihre Schülerinnen und Schüler mehr oder weniger beiläufig, zufällig und unsystematisch. Urteile, die auf derartig gewonnenen Informationen beruhen, unterliegen in einem hohen Grade verzerrenden Einflüssen. Innerhalb der Sozialpsychologie wird der Problematik der so genannten Beurteilungsfehler schon seit längerem größere Aufmerksamkeit geschenkt. Denn wenn solche tendenziellen Verzerrungen und Verfälschungen im Wahrnehmungs- und Beurteilungsprozess kumulieren, kann es mitunter eher zu einer Verurteilung statt zu einer Beurteilung kommen (vgl. *Kleber* 1976, S. 39).

Fehlerarten in der Beurteilung

Nachfolgend sollen die bekanntesten Beurteilungsfehler dargestellt werden, um daran Möglichkeiten der Urteilsoptimierung zu erörtern.

Milde- und Strengeffekte

Im Falle der Neigung zur Milde besteht die Tendenz, vor allem positive, beschönigende Beurteilungen vorzunehmen bei gleichzeitiger Vermeidung harter, missbilligender Urteilsreaktion. Umgekehrt sind Strengbeurteiler eher dazu bereit, gezeigtes Verhalten bzw. erfasste Leistungen negativ zu bewerten, und zwar selbst dann, wenn nur wenige Mängel Anlass zum Tadeln geben. Beide Urteilsfehler sind interaktionsbedingt. Beurteiler neigen beispielsweise dazu, Personen, die ihnen gut bekannt sind, milder zu beurteilen als andere, die ihnen weniger oder unbekannt sind. Gleichermaßen verhält es sich mit Urteilen, die von Sympathie und Antipathie beeinflusst werden. Personen, die einem gut bekannt und sympathisch sind, haben demnach die beste Chance, günstig beurteilt zu werden. Demgegenüber haben Personen, die einem Beurteiler weniger bekannt und zudem noch unsympathisch sind, verstärkt mit strengeren Beurteilungen zu rechnen.

Tendenz zur Mitte

Damit ist ein Verhalten gemeint, das davon geprägt ist, die jeweiligen Endpunkte einer Beobachtungsskala zu vermeiden. Insgesamt besteht das Bestreben, extreme Urteile nicht zu fällen und sich statt dessen auf mittlere Werte zu konzentrieren. Oft wird diese Tendenz durch Unsicherheit, Ängstlichkeit, Entscheidungsschwäche etc., aber auch durch die Absicht, nach Möglichkeit weder durch kritisierbare Urteilsreaktionen aufzufallen oder auf Widerstand zu stoßen, begünstigt bzw. maßgeblich ausgelöst.

Tendenz zum Extremurteil

Hier handelt es sich um ein ausgeprägtes Pro- und Kontra-Verhalten, oder man könnte auch ebenso gut sagen, um Schwarz-Weiß-Malerei. Es fehlt an differenzierten Beurteilungen. Beispielsweise gibt es für einen sich so verhaltenden Beurteiler ausschließlich erfolgreiche und nicht erfolgreiche Schülerinnen, für Mathematik begabte und nicht begabte, interessierte und nicht interessierte etc. Personen, die zu extremen Urteilen tendieren, reagieren oft generell überzogen, d. h. bestimmte positive Leistungen werden über Gebühr gelobt, während andere manchmal nur mit kleinen Fehlern behaftete Lernergebnisse als ungenügend abqualifiziert werden.

Der Hof- oder Halo-Effekt

Von diesem Fehler wird gesprochen, wenn ein allgemeiner Gesamteindruck die Wahrnehmung einzelner Merkmale bzw. Teileindrücke bestimmt. Ebenso wird der Hof-Effekt wirksam, wenn Teilurteile über eine Person zur Grundlage für andere Teilbeurteilungen werden. Ein positiver oder negativer Gesamteindruck beispielsweise zur Lernentwicklung verhindert davon abweichende Teilurteile. Bin ich als Lehrer einem Schüler gegenüber misserfolgsgestimmt, weil ich diesen allgemein für leistungsschwach halte, dann besteht die Gefahr, von dieser Grundeinschätzung abweichende Teilerfolge bezogen auf das gesamte Leistungsspektrum überhaupt nicht als solche wahrzunehmen und anzuerkennen.

Logischer Fehler

Dieser Effekt entsteht durch die Verknüpfung von Merkmalen, die der Beurteiler in einer für ihn persönlich als logisch erscheinenden Weise zusammenfügt und ihnen auch ähnliche Wertungen zuteil werden lässt. Besonders wirksam werden hierbei implizite Persönlichkeitstheorien. Wer zum Beispiel der Meinung zuneigt, dass das Erlernen der lateinischen Sprache das logische Denken eines Menschen fördere und der weiter die Auffassung vertritt, dass nur der in Mathematik erfolgreich lernen wird, der logisch zu denken gelernt hat, der wird aller Voraussicht nach von jemandem, der gute Lateinleistungen zeigt, erwarten, dass er auch in Mathematik erfolgreich sein wird.

Reihungseffekt und rhythmische Schwankungen

Darunter wird die Beeinflussung des Urteils durch vorangegangene Wahrnehmungen verstanden. Beispielsweise werden die zuerst korrigierten Klassenarbeiten strenger als die nachfolgenden beurteilt. Auch ist die Beurteilung einer Leistung davon abhängig, wie die vorangegangenen Leistungen bewertet wurden. „So wird z. B. eine durchschnittliche Leitung oft besser beurteilt, wenn unmittelbar vorher eine sehr mäßige zu bewerten war, und man findet sie leicht schlechter, wenn ihr eine besonders gute Leistung voranging. Die meisten Lehrer würden nur mit großen inneren Widerständen fünf Aufsätze oder fünf mündliche Prüfungen, die unmittelbar aufeinander folgen, mit „sehr gut" bewerten. Das kollidiert mit dem unausgesprochenen Dogma, dass es so viele Einsen hintereinander gar nicht geben kann (*Sacher* 1994, S. 43). Und das obwohl es doch das eigentliche Streben in der Schule sein müsste, dass alle Kinder die Lernziele erreichen und somit ausschließlich gute Lernresultate den pädagogischen Erfolg des Lehrers dokumentieren würden. Vermutlich stehen mit solchen subjektiven Unterrichtstheorien rhythmische Schwankungen im Zusammenhang. Damit ist das wechselhafte Auftreten von milderen und strengeren Beurteilungsphasen gemeint, das vor allem bei mündlichen Prüfungen auftreten soll. Möglicherweise kommt bei mündlichen Beurteilungen auch der so genannte Anfangseffekt (primacy effect) deutlicher zum Tragen, weil bei dieser Prüfungsform üblicherweise weitestgehend auf eine genauere Registrierung der Informationen zum Beispiel durch kontextbezogene, verhaltensnahe Protokollierungen verzichtet wird. Zuerst aufgenommene Informationen tragen mehr zum Gesamteindruck bei als die später erlangten Informationen, so die Theorie. Demnach ist für die Bewertung von mündlichen Prüfungen entscheidend, ob eine Schülerin auf eine Frage zunächst richtige Antworten gibt und erst am Ende fehlerhafte Aussagen macht oder ob ein Schüler zuerst falsch antwortet und sich erst danach fängt und richtige bzw. weniger fehlerbehaftete Antworten gibt. Die Schülerin wird besser abschneiden, obwohl sie in der Gesamtzahl genauso viele richtige und falsche Antworten gegeben hat wie ihr Mitschüler.

Kontrastfehler und Fehler der gleichen Art

Bei diesen Effekten ist der Beurteiler bestrebt, „der zu beurteilenden Person die seiner Wesensart gegenteilige Merkmale oder gegenteilige Ausprägungsgrade der gleichen Merkmale zuzuschreiben" oder lässt sich entgegen gesetzt von der Anahme leiten, „die von ihm zu beurteilenden Personen müssten genauso geartet sein wie er selbst" (*Kleber* 1976, S. 42). Beispielsweise kann ein Lehrer, der selbst gegen seine notorische Unpünktlichkeit zu kämpfen hat, unpünktliches Verhalten von Schülerinnen und Schülern als besonders tadelnswert betrachten oder aber großzügig darüber hinwegsehen, je nachdem, ob die persönliche Einstellung zur Unpünktlichkeit zum Auslöser des Kontrastfehlers oder des Fehlers der gleichen Art wird.

Durch implizite Persönlichkeitstheorien bedingte Urteilstendenzen

Bevor auf Maßnahmen eingegangen werden soll, die zur Fehlerreduzierung beitragen können, soll ein kurzer Problemaufriss zu den impliziten Persönlichkeitstheorien erfolgen, weil sich mit ihnen und aus ihnen erklären lässt, wodurch es zu Urteilsfehlern kommen kann. Zugleich dürfte deutlich werden, wo wirkungsvoll Gegenmaßnahmen beginnen sollten.

Eine faktische Trennung von Leistungs- und Persönlichkeitsbeurteilung ist kaum möglich, was zufolge hat, dass je weniger sachimmanente, unmittelbar leistungsbezogene Aspekte beurteilt werden, desto größer wird vermutlich der Einfluss subjektiver, auf die Persönlichkeit des einzelnen Kindes gerichteter Konzepte sein. Diese als implizit bezeichneten Persönlichkeitskonzepte gehören zu den Vorurteilen und Stereotypen. „Sie stellen quasilogische Verknüpfungen von mehreren Merkmalen im Sinne eines theoretischen Zusammenhanges dar (...). Die impliziten Persönlichkeitskonzepte von Lehrern bilden Raster der sozialen Wahrnehmung, innerhalb derer die Eigenschaften von Schülerpersönlichkeiten geordnet werden" (*Kleber* 1976, S. 48). Ergibt sich zwar einerseits der Nutzen eines schnellen Handelns durch den Rückgriff auf derartige Ordnungsschemata für eine ökonomische und routinierte Verarbeitung von Wahrnehmungen in interaktiven Bezügen, so können sie demgegenüber andererseits zu erheblich verzerrten und zum Teil vollkommen falschen Urteilen führen. Implizite Persönlichkeitskonzepte begünstigen u. a. den logischen Fehler, indem Verhaltensmerkmale von Schülerinnen und Schülern in einem ursächlichen Zusammenhang betrachtet werden und zu trügerischen Urteilen führen. Mitunter handelt es sich um die Verknüpfung von Merkmalen zu Merkmalsketten, d. h. von einem zugeschriebenen Merkmal wird auf damit subjektiv korrespondierende geschlossen. Zeigt beispielsweise ein Schüler einem Lerngegenstand gegenüber nicht die vom Lehrer gewünschte Aufmerksamkeit, weil ihm dieser Inhalt weder für sein gegenwärtiges Dasein noch für seine Zukunft als bedeutungsvoll erscheint, dann könnte dieses Verhalten als Desinteresse wahrgenommen werden. Zugleich könnten mit dem Merkmal „uninteressiert" andere subjektive Merkmalszuschreibungen aktiviert werden, wie etwa unbegabt, träge, einfallslos, gleichgültig, und sich somit zu einem subjektiv „wahren" aber tatsächlich vollkommen ungerechtfertigten Urteil verdichten. Besonders sollte darauf hingewiesen werden, dass die soziale Wahrnehmung und die interaktionsbedingten Urteilsreaktionen realer Schüler den eigenen subjektiven Merkmalsrastern folgen, d. h. vor allem von den impliziten Persönlichkeitskonzepten abhängen.

Dies zu wissen, ist deshalb wichtig, weil eine Erhöhung der Objektivität eines Urteils durch intersubjektive Übereinstimmung nicht unbedingt bedeuten muss, dass ein Urteil richtig ist. Weil sich implizite Persönlichkeitskonzepte der Lehrerinnen und Lehrer vermutlich hauptsächlich in einem sukzessiven Prozess ihrer beruflichen Sozialisation herausgebildet haben, ist anzunehmen, dass sie zumindest des Öfteren über intersubjektiv konkordante implizite Schemata verfügen. Wenn dann in Fragen der Beurteilung von Schülerinnen und Schülern Lehrerinnen und Lehrer zu übereinstimmenden Einschätzungen kommen, dann muss das auf Grund des Gesagten nicht zwangsläufig zu richtigen Urteilen führen, obwohl die Intersubjektivität mehrerer Beurteiler die Objektivität der Aussage erhöht hat, aber nicht die Gültigkeit. Die intersubjektive Übereinstimmung in der Beurteilung kann nämlich auf den Einfluss interindividuell übereinstimmender impliziter Persönlichkeitskonzepte, die meist gruppenspezifisch sind, beruhen.

Nun sollte damit allerdings nicht der Eindruck entstehen, als ob die Lehrerinnen und Lehrer eines Kollegiums im Allgemeinen eine homogene Gruppe mit kongruenten impliziten Persönlichkeitskonzepten darstellten. Erstens können auch unter ähnlichen Berufungsbedingungen unterschiedliche Raster entstehen. Zweitens kann es innerhalb eines Kollegiums Gruppen mit mehr oder weniger voneinander abweichenden impliziten Persönlichkeitskonzepten geben. Beispielsweise mögen Lehrerinnen und Lehrer, die für zensurenfreie Zeugnisse eintreten, über andere implizite Persönlichkeitskonzepte verfügen, als jene, die weiterhin an der Zensurengebung festhalten wollen. Demnach wird in jedem Kollegium eine mehr oder weniger große Bandbreite von impliziten Persönlichkeitskonzepten vertreten sein, je nachdem wie offen oder geschlossen sich ein Kollegium repräsentiert.

Weil Lehrerinnen und Lehrer bei der Bewältigung ihrer beruflichen Tätigkeit insbesondere ihren langjährigen Erfahrungen vertrauen, kann die eigene Beurteilungspraxis am besten dadurch verbessert werden, d. h. Urteilsfehler in ihren störenden Einflüssen minimiert werden, wenn die alltägliche Praxis selbst zum Gegenstand der Reflexion gemacht wird. *Sacher* (1994) hat detaillierte Maßnahmen gegen Fehleranfälligkeit des Lehrerurteils vorgeschlagen, die sowohl die Bedeutung bestimmter diagnostischer Verfahren und ihrer Verschriftlichungsformen als auch die Notwendigkeit selbstreflexiver Auseinandersetzung mit dem eigenen Beurteilungsverhalten unterstreichen. *Sacher* unterteilt die Urteilsfehler in erstens „ungleichmäßige Ausschöpfung des Beurteilungsspektrums", darunter fallen Fehler wie Milde- und Strengeeffekt, Tendenz zur Mitte und Tendenz zu Extremurteilen, und in zweitens „Interferenzen im Urteil (Voreingenommenheiten)", worunter u. a. Reihungseffekte und rhythmische Schwankungen, der Hof- oder Halo-Effekt, der logische Fehler, der Kontrastfehler und der Fehler der gleichen Art zu fassen sind.

Fehler der ersten Kategorie verhindern differenzierte Beurteilungen. Es kommt zu Unter- oder Überbewertungen von Verhaltensausschnitten bzw. Leistungsmerkmalen, z. B. im Falle des Mildefehlers zu Beschönigungen und positiven Übersteigerungen. Als Gegenmaßnahmen werden genannt:

• „Jeder Lehrer sollte sich Klarheit darüber verschaffen, zu welcher Variante er neigt. Die persönliche Urteilstendenz zeigt sich am ehesten über längere Zeiträume hinweg, bei einer größeren Zahl von Schülern, in mehreren Klassen und im Vergleich mit Kollegenurteilen.
• Man nehme sich also einmal die eigenen Beurteilungen über einen längeren Zeitraum hinweg und über eine größere Anzahl von Schülern vor und beobachte an der Häufigkeit der vergebenen guten,

mittleren und schlechten Urteile, ob irgendeine Art der Urteile auffällig häufig vorkommt. Weitere Abklärung kann ein Blick auf Urteile anderer Lehrer über dieselben Schüler und Klassen bringen. Oft verbirgt sich hinter der Wahrnehmung, dass Schüler bei einem Kollegen, dessen Klasse man übernimmt, nichts Ordentliches gelernt haben oder von einem Kollegen, an welchem man die Klasse schließlich abgibt, hoffnungslos überfordert werden, eine fehlerhafte Tendenz des eigenen Urteils. (...)
• Man sollte sich klar darüber werden, welche Beurteilungstendenzen sich von der Tradition des unterrichteten Faches und von der Schulart und Schulstufe her nahe legen. (...)
• Ein ehernes Prinzip sollte es sein, in jedem Leistungsbild sowohl nach Stärken als auch nach Schwächen zu suchen. Die meisten Leistungen sind niveaumäßig mehr oder weniger heterogen; solche, die unter allen Aspekten gut oder schlecht sind, stellen die Ausnahme dar" (*Sacher* 1994, S. 41 ff.).

Der zuletzt genannte Grundsatz könnte allerdings missverständlich sein, wenn darunter verstanden würde, neben Stärken immer auch nach Schwächen und Unzulänglichkeiten zu suchen, um positive Eindrücke zu relativieren. Es ist durchaus eine wichtige pädagogische Frage, ob von unterschiedlichen Lernzuwächsen und Leistungsgraden oder von Stärken und Schwächen gesprochen wird. Ich vertrete deshalb die Auffassung, dass jedes Leistungsbild auf unterschiedlich ausgeprägte Kompetenzen überprüft werden sollte, um zu differenzierten Aussagen zu kommen, wobei aber der Blick besonders auf die erzielten Fortschritte in den verschiedenen zu beurteilenden Bereichen gerichtet ist. Das Ziel, Extremurteile zu vermeiden, kann auch so erreicht werden.

Um den Interferenzfehlern wirkungsvoll zu begegnen, unterbreitet *Sacher* die folgenden Vorschläge:

- „Die Beschreibung einer Leistung ist von ihrer Bewertungsmöglichkeit zu trennen. Erst ganz am Ende, wenn die Beschreibung der Leistung abgeschlossen ist, sollte man sich eine Bewertung erlauben. (...)
- Einen Gesamteindruck sollte man sich immer erst bilden, nachdem man reichlich Daten zu Einzelaspekten gesammelt hat. (...)
- Man sollte sich immer vorher überlegen, auf welche Aspekte man bei der Betrachtung einer Schülerleistung achten will. Zufälligen Beobachtungen, die sich anscheinend von selbst einstellen, ist sehr zu misstrauen. Jedenfalls sollte man ihnen keinen allzu großen Stellenwert einräumen.
- Ebenso ist es erforderlich, sich solche Aspekte immer genau zu überlegen. Um nicht leistungsrelevante Merkmale einfach zu übersehen oder gar dem Halo-Effekt aufzulaufen, wird man sich in vielen Fällen differenzierte Check-Listen machen müssen. Globale Beurteilungsgesichtspunkte sind gefährlich.
- Interferenzfehler sind im Allgemeinen wahrscheinlicher, wenn wir nur wenig über die beurteilten Schüler wissen und uns nur ungefähr darüber im Klaren sind, was wir an ihren Leistungen beobachten und nach welchen Gesichtspunkten wir sie beurteilen wollen. (...)
- Es ist unbedingt erforderlich, von Zeit zu Zeit das Bild zu überprüfen und ggf. zu revidieren, das man von einem Schüler hat. (...)
- Sehr hervorstechende Merkmale von Schülern sollte man wenigstens zeitweise einmal „auszublenden" versuchen, damit sie nicht andere, ebenfalls vorhandene Eigenschaften einfach überstrahlen. (...)" (*Sacher* 1994, S. 44 ff.).

Um bestimmten Befangenheiten, die aus der eigenen Wesensart resultieren und als Kontrast- oder Fehler der gleichen Art auftreten, zu entgehen, sollte der Beurteiler seine Beurteilungen immer wieder einmal darauf durchleuchten, welche Verhaltensmerkmale von ihm als besonders störend empfunden werden, mitunter derartig, dass er bei deren Auftreten aus der Haut fahren könnte, und welchen er sich gegenüber auffällig gelassen zeigt.

Am Schluss seiner Ausführungen formuliert *Sacher* eine generelle Handlungsrichtlinie, um Beurteilungsfehlern zu begegnen: „Man muss sich im wörtlichen Sinne ein Bild vom Schüler und von seiner Leistung ‚machen‘, d. h. systematisch erarbeiten! Nur, wenn wir unser Bild vom Schüler nicht irgendwie zu Stande kommen lassen, sondern es uns systematisch nach festen und klaren Regeln erarbeiten, verhindern wir, dass zufällig ablaufende und unbewusste Prozesse unsere Wahrnehmung und unser Urteil bestimmen" (S. 46).

Verbalbeurteilungen können grundsätzlich eine überzeugende Alternative sein zur Informationsarmut der Zensur, die durch starke Informationsverdichtung entsteht, wenn genau das geschieht, was *Sacher* fordert, nämlich eine systematische, regel- und kriteriengeleitete Erarbeitung von aussagekräftigen Informationen zum Lernstand und zur Lernentwicklung wie auch zum Weiterlernen erfolgt. Da die Beobachtung, wie wir weiter oben festgestellt haben, die Hauptmethode zur Informationsgewinnung in schulischen Lern- und Arbeitszusammenhängen darstellt, ist es sowohl auf dem Hintergrund der empirischen Untersuchungsergebnisse zur Verbalbeurteilungspraxis als auch im Zusammenhang mit der Fehleranfälligkeit des Lehrerurteils notwendig hier Verbesserungen herbeizuführen.

Zum Begriff der Beobachtung

Jeder Vorgang der Beobachtung stellt sich als ein zielgerichteter und selektiver Prozess dar, in welchem immer nur eine eingeschränkte Menge aus der Fülle des grundsätzlich zu Beobachtenden erfasst werden kann. Mit dem Aspekt der „Zielorientiertheit" wird die Beobachtung von der üblichen Wahrnehmung abgegrenzt. Sie ist außerdem planvoller und auswählender.

Wie schon an anderer Stelle gesagt, nimmt die Beobachtung in der Schule einen zentralen Platz ein. Jedoch ist die „Qualität" der Informationen entscheidend davon abhängig, wie die Beobachtung methodisch gestaltet wird. Wenn beispielsweise *Roth* (1978) feststellt, dass im Bereich von Erziehung und Unterricht die mehr oder weniger systematische, mehr oder weniger gezielte und geplante Beobachtung ein wesentliches Mittel des Lehrers ist, „über Schüler einer Klasse, über einzelne Schüler (Einzelfallbeobachtung) oder über sich selbst einen objektiveren Eindruck zu verschaffen als es auf dem Niveau spontanen Meinens möglich wäre" (S. 80), dann lässt sich aus dieser Aussage zweierlei entnehmen. Erstens: Um überhaupt zu objektiveren Informationen über ein interessierendes Verhalten oder einen bestimmten situativen Zusammenhang zu gelangen, bedarf es der Beachtung von Verfahrensregeln wie Systematik, Zielgerichtetheit und Planung. Und zweitens: Die angedeutete Bandbreite von „mehr oder weniger" macht zwar einerseits auf die möglichen Spielräume aufmerksam, innerhalb deren Grenzen sich planvolles, systematisches Beobachtungsverhalten bewegen kann, sie weist aber ebenso unmissverständlich darauf hin, dass gültige, aussagekräftige und objektive Daten um so besser zu gewinnen sind, je systematischer, zielgerichteter und planvoller das Beobachten selbst geschieht.

Beobachtungsformen

Im Allgemeinen werden zwei Verfahrensweisen unterschieden: die unsystematische und die systematische Verhaltensbeobachtung. Charakteristisch für die unsystematische Form ist die zufällige, ungeplante und regellose Vorgehensweise. Diese sich aus der gegebenen Situation ereignende Beobachtung findet weder im Zusammenhang mit der Unterrichtsplanung statt, noch gibt es im Voraus getroffene Festlegungen, welches Kind wann und auf welche Verhaltensweisen hin beobachtet werden soll. Meist geschieht dies spontan im Verlauf des Unterrichts. Häufig auf Grund von Auffälligkeiten oder besonderen Ereignissen, die zu einer „aufmerksam-selektiven Wahrnehmung" führen. Lehrerinnen und Lehrer verwenden durchaus in einem nicht unerheblichen Maße die Ergebnisse aus diesen Gelegenheitsbeobachtungen für Beurteilungszwecke, obwohl „dieses Vorgehen problematisch ist auf Grund des Zufallscharakters und des hohen Grades an Subjektivität" (*Nuding* 1997, S. 26), wie auch auf Grund der Fehleranfälligkeit durch Voreingenommenheit, Akzentuierung und selektive Sensitivierung. Bei der Akzentuierung handelt es sich um einen Vorgang, bei dem vermeintlich Wichtiges vergrößert, während gleichzeitig vermeintlich Unwichtiges verkleinert wird. Mit der selektiven Sensitivierung ist ein Wahrnehmungsverhalten gemeint, das sich dadurch auszeichnet, dass für bestimmte Vorgänge und Verhaltensmerkmale die Wahrnehmungsschwelle niedrig ist und somit in besonderem Maße der beobachtenden Person auffallen.

Gegenüber der unsystematischen lässt sich die systematische Beobachtungsform im Wesentlichen durch Planmäßigkeit, Zielgerichtetheit und Rationalität kennzeichnen. Bereits vor dem Unterricht wird entschieden, welches Kind aus welchem Grund und unter welcher Zielperspektive wie nach welchen Kriterien während des Unterrichtsverlaufs oder in anderweitigen schulischen Zusammenhängen beobachtet werden soll. Das wichtigste Kriterium zur Unterscheidung der beiden Formen besteht in dem klar definierten und „theoretisch" fundierten Beobachtungszweck, wobei es ausschließlich darum geht, das eigene Vorgehen zu begründen. Das kann und sollte mithilfe anerkannter wissenschaftlicher Theorien geschehen, die ohnehin zum professionellen Repertoire einer Lehrerin bzw. eines Lehrers gehören.

Die Unterscheidung zwischen der alltäglichen, sich mehr oder weniger zufällig einstellenden Beobachtung und der systematischen Vorgehensweise ist nicht immer einfach, da die beiden Ausprägungen „systematisch" und „unsystematisch" die Endpunkte einer zweipoligen Skala markieren. Eine Reihe von Beobachtungen, die weder der einen noch der anderen Variante eindeutig zugeordnet werden können, sind im mittleren Bereich dieser Skala anzusiedeln.

Wenn es auch für problematisch angesehen wurde, wenn auf der Grundlage von Informationen, die durch spontane Unterrichtsbeobachtungen gewonnen wurden, nicht weiter überprüfte Beurteilungen vorgenommen werden, dann sollte dies nicht heißen, dass sich diese Beobachtungsform als generell untauglich für den Unterrichtsalltag erweist. Als Mittel zur Erfassung wichtiger „Vor"-Informationen ist sie nahezu unersetzbar. Mithin sollte zwar so weit wie möglich ihr grundsätzlich vorläufiger Charakter bedacht werden, aber als Ausgangspunkt für die Durchführung systematischer Beobachtungen stellen Gelegenheitsbeobachtungen einen reichhaltigen Steinbruch von Impulsen und konkreten Einfällen dar. Vermutlich wird eine demgemäße Verzahnung bzw. Ergänzung beider Beobachtungsformen eher die Norm denn die Ausnahme sein.

Zusammenfassend sind die folgenden methodischen Kriterien für die systematische Beobachtung charakteristisch:

- Festlegung des Beobachtungsfeldes bzw. -gegenstandes (Was soll/wie soll ich beobachten?)
- Bestimmung der Beobachtungskategorien (welche Kriterien sollen meine Beobachtungen leiten?)
- Festsetzung der Beobachtungszeiten bzw. -intervalle
- Aufzeichnung der Beobachtungsdaten (welche Hilfen stehen mir für die Verschriftlichung zur Verfügung?)
- Auswertung der Ergebnisse (welche Rückschlüsse können aus den vorliegenden Ergebnissen gezogen werden?)

Die angemessene Befolgung dieser Punkte erweist sich als unverzichtbar, wenn die schulische Verhaltensbeobachtung zu einer geeigneten und vor allem soliden diagnostischen Methode im Vorfeld von Verbalbeurteilungen werden soll. Dabei wird durch die einschränkende Bedeutung des Wortes „angemessen" auf die Voraussetzungen und Rahmenbedingungen hingewiesen, die für jeden Beobachtungsprozess konstitutiv sind. Mitunter werden unter ungünstigen Konstellationen Kompromisse bei der Berücksichtigung einzelner Aspekte nicht zu vermeiden sein. Allerdings erweist sich die vollkommene Nichtbeachtung eines oder mehrerer Gesichtspunkte als abträglich für eine systematische Vorgehensweise. Demnach sollten schon alle fünf Kriterien berücksichtigt werden, wenn auch nicht immer mit der Möglichkeit ihrer optimalen Realisierung. Außerdem machen die aufgestellten Kriterien deutlich, dass jeder Beobachtungsvorgang bzw. jede Beobachtungsabsicht immer erst im Hinblick auf eine bestimmte Problemstellung bzw. Frage bedeutsam wird. Das Ziel der Beobachtung entwickelt sich dann wiederum aus den als wichtig und dringlich erscheinenden Fragen, die auch die Grundlage für Vorannahmen und Vermutungen bilden. Wie der untenstehenden Abbildung zu entnehmen ist, können sowohl die Fragen als auch die daran orientierten Hypothesen aus Ergebnissen von gelegentlichen Beobachtungen hervorgegangen sein. Ein bestimmtes Schülerverhalten fällt beispielsweise auf und die Lehrerin möchte nun genauer feststellen, unter welchen Bedingungen es auftritt, welche Handlungen es auslösen und welchen interaktiven Einflüssen es unterliegt.

Aber es ist selbstverständlich nicht zwingend, dass jede systematische Beobachtung ihren Ausgang in Ergebnissen von einzelnen Gelegenheitsbeobachtungen haben muss.

Ebenso dürften und sollten insbesondere im Zusammenhang mit der Verbalbeurteilung und deren postulierter Einbettung in einen auf Öffnung ausgerichteten Unterricht, systematisch zu untersuchende Beobachtungsanlässe die Regel sein.

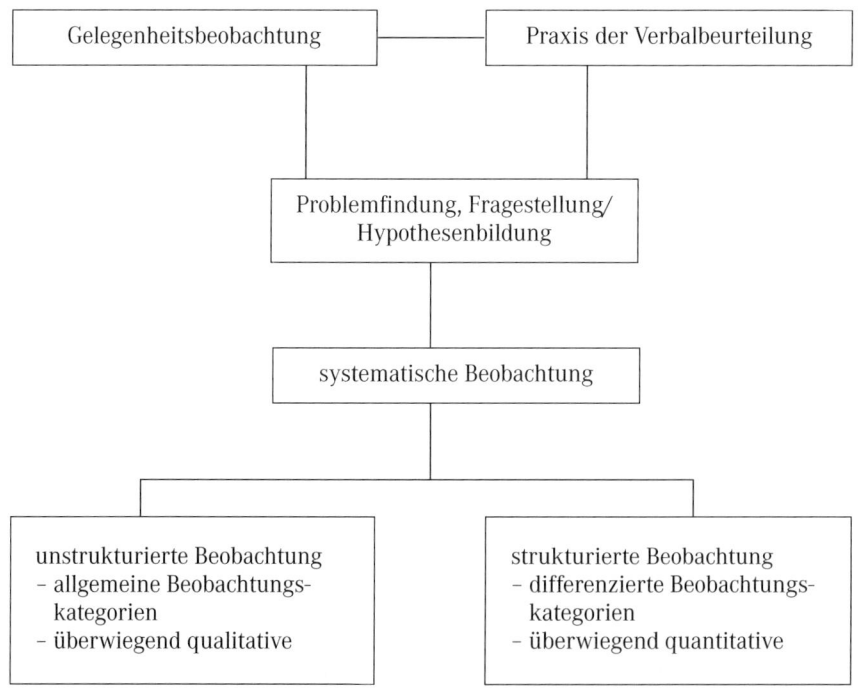

Beobachtungsformen im Überblick

Der Unterschied zwischen dem unstrukturierten und dem strukturierten Vorgehen liegt „in der Art der Differenzierung der verwendeten Beobachtungskategorien und damit im Grad der Quantifizierbarkeit der erhobenen Daten" (*Atteslander* 1974, S. 146). Sicherlich wird es bei einer Reihe von Problemstellungen auch darum gehen, ob sich ein bestimmtes Verhalten wiederholt oder gar gehäuft auftritt. Also sollten quantitative Aspekte durchaus von Interesse sein, aber wichtiger dürften für den Pädagogen qualitative Informationen sein. Hochstrukturierte Beobachtungen werden für schulische Zusammenhänge größtenteils untauglich sein, weil sie einfach nicht praktikabel sind. Denn zweifellos wird die teilnehmende Vorgehensweise die Regel sein, d. h. die Unterrichtende wird gleichzeitig Beobachtende sein. Oft wird es sogar sinnvoll sein, lediglich bezogen auf eine Fragestellung Beobachtungen durchzuführen, ohne weitere Beobachtungskategorien heranzuziehen. Überhaupt hängt die Praktikabilität eines Beobachtungsinstruments und damit leitender Beobachtungskategorien in entscheidendem Maße davon ab, inwieweit der Lehrer in seinem Unterricht lenkende Tätigkeiten vollzieht. Sobald er nämlich den Schülerinnen und Schülern Freiräume für selbst gesteuerte Aktivitäten gewährt, bekommt er selbst entlastende, vom Druck des andauernden Agierens befreite Möglichkeiten, sich Zeit für Beobachtungen zu nehmen. Diese können dann sicherlich auch sehr viel stärker kategorienorientiert angelegt werden. Um während des Unterrichts möglichst oft systematische Beobachtungen zu realisieren, mit denen nicht nur Informationen im Sinne der jeweils interessierenden Frage erfasst werden, sondern zuerst Beobachtungskategorien zur Strukturierung des Beobachtbaren herangezogen werden, bedarf es der Ver-

änderung der Unterrichtspraxis. Demnach liefert die pädagogische Diagnostik ein weiteres Argument zur Öffnung des Unterrichts. Die Bedingungen, unter denen die Beobachtungen vorgenommen werden, können durch offenen Unterricht gegenüber traditioneller, lehrerzentrierter Unterrichtsarbeit spürbar verbessert werden.

Noch aus einem weiteren Grund bietet der offene Unterricht für die Beobachtung besonders günstige Voraussetzungen. Weil die zeitliche Distanz zwischen gewonnener Information und ihrer verschriftlichten Registrierung als eine potenzielle Fehlerquelle nachträglich sich verstärkender Selektivität angesehen wird, liegt es im Interesse einer schülergerechten Beobachtung, derartige Verfälschungstendenzen möglichst gering zu halten, sprich die beobachteten Ereignisse möglichst umgehend schriftlich zu fixieren. In Phasen steuernder Aktivitäten ist dies für den Lehrer allenfalls sehr eingeschränkt möglich, sodass vermutlich frühestens im Anschluss an eine Unterrichtsstunde die Aufzeichnungen vorgenommen werden können. Anders jedoch in offenen Unterrichtszusammenhängen, in denen es immer wieder einmal Zeiten geben wird, die das unmittelbare Protokollieren des Gesehenen zulassen.

Jeder Beobachtungsvorgang unterliegt nach *Friedrichs* (1973) einem dreifachen Selektionsprozess. Auf Grund der selektiven Zuwendung, der selektiven Wahrnehmung sowie der selektiven Erinnerung wird die Orientierung an den weiter oben ausgearbeiteten Kriterien notwendig, und zwar um die Selektivität von Beobachtungen nicht einfach geschehen zu lassen, sondern begründet vorzunehmen. Nachfolgend wird den Aspekten zeitliche Ausdehnung von Beobachtungen und Beobachtungshäufigkeit, Wahl des Beobachtungsinhalts so-

71

wie Hilfsmittel zur Aufzeichung der Beobachtung nachgegangen.

Die Beobachtung eines Kindes kann als Kurzzeit- oder Dauerbeobachtung stattfinden. Vermutlich wird in unterrichtlichen Situationen die Kurzzeitform überwiegen. Dennoch wird die Langzeitform in bestimmten Fällen eine unverzichtbare Alternative darstellen, da die Kurzzeitbeobachtung auf Grund ihres punktuellen Einsatzes trotz sorgfältiger Vorbereitung und Durchführung nun einmal einen eingeschränkten Informations- und Erkenntniswert hat.

Ohne eine gründliche Auswertung der zusammengetragenen Informationen ist (auch) eine systematische Beobachtung nur von geringem Wert. Jedoch hat für den Beobachtungsprozess die Einhaltung der Forderung nach Trennung von Wahrnehmung und interpretierender Beurteilung zu gelten, auch wenn dies mitunter sehr schwer fallen und auch nicht immer durchzuhalten sein dürfte. Die Bewertung eines Verhaltens ist grundsätzlich ein der Informationsgewinnung nachgeordneter Prozess. Die Aufzeichnung der Beobachtungsergebnisse erfolgt deshalb in deskriptiver, nicht wertender Weise. Dabei sollten auch wichtige Rahmenbedingungen wie Unterrichtsgegenstand, Sozial- und Arbeitsform, Tageszeit, Art der Lernaktivität wie auch eigene Reaktionen, Gefühle, Stimmungen etc. festgehalten werden. Erst anschließend erfolgt die kritische Aufarbeitung und urteilende Würdigung des Gesammelten.

Als bewährte Zugangsweisen für die Verhaltensbeobachtung im schulischen Kontext haben sich die folgenden drei Wege erwiesen.

Beobachtungen in besonderen Situationen

Um möglichst viel und möglichst genau etwas über ein bestimmtes Verhalten von Kindern zu erfahren, wird die Beobachtertätigkeit auf besonders auffällige, prägnante Situationen gerichtet. Mit der zielgerichteten, unter einer bestimmten Fragestellung erfolgenden Beobachtung soll die ins Auge gefasste Situation möglichst ûmfassend unter Berücksichtigung der sozialen Beziehungen ausgeleuchtet werden.

Zeitlich aufgeteilte Beobachtungssequenzen

Es ist als Erstes festzulegen, wie lange beobachtet werden soll, ob 10 oder 15 Minuten, eine halbe oder gar eine volle Unterrichtsstunde. Weiter ist zu entscheiden, wie groß die Anzahl repräsentativer Situationen sein soll, die der Beobachtung zu Grunde gelegt werden soll. Es kann in dem einen Fall durchaus angemessen sein, die Beobachtungstätigkeit auf drei bis fünf Verhaltensausschnitte zu begrenzen, während es in einem anderen Fall angezeigt scheint, die Beobachtung über 10 bis 15 Verhaltensausschnitte zu erstrecken.

Zusammen mit der Festlegung der Beobachtungshäufigkeit muss über die zeitlichen Abstände entschieden werden, die zwischen zwei aufeinander folgenden Beobachtungsterminen liegen sollte, z. B. ob am selben Tag nur einmal während einer Deutschstunde oder zweimal während einer Deutschstunde und noch zusätzlich einmal während einer Sachunterrichtsstunde beobachtet werden soll. Auch hat es sich als günstig herausgestellt, wenn die Zeitpunkte der Beobachtung variiert werden, d. h. beispielsweise zunächst Beobachtung auf das erste Stundendrittel verteilt stattfindet, danach sich auf Verhaltensausschnitte aus dem mittleren Bereich beschränkt wird und abschließend das letzte Stundendrittel gezielt zur Gewinnung von Beobachtungsdaten herangezogen wird.

Zuletzt muss eine Entscheidung über die Länge des Beobachtungszeitraumes (z. B. ein ganzer Unterrichtstag, mehrere Tage, eine Woche oder ein Monat) getroffen werden. Für den Gewinn von Informationen zu Entwicklungsprozessen, wofür diese Beobachtungsform besonders geeignet ist, bietet sich es aus der Sache selbst heraus an, langfristigere Beobachtungszeiträume anzustreben. Denn um tatsächlich dauerhafte, nicht auf zufällige Einflüsse beruhende Entwicklungen und Fortschritte erfassen zu können, bedarf es notwendigerweise sowohl einer größeren Anzahl repräsentativer Informationen als auch eines längeren Beobachtungszeitraumes. Beide Bedingungen ergänzen sich somit.

Beobachtung in vergleichbaren Situationen

Die Anwendung dieses Verfahrens dient dem Datengewinn über Verhaltensweisen in ähnlichen Situationen. Genau genommen gibt es nämlich keine gleichen situativen Zusammenhänge, nicht einmal in Laborversuchen, mit denen jedoch eine größtmögliche Übereinstimmung zwischen wiederholt auftretenden Situationen durch Standardisierung zu erreichen versucht wird. Deshalb ist es nur korrekt, wenn wir von ähnlichen oder vergleichbaren Situationen bzw. Verhaltenssequenzen sprechen. Insbesondere ist diese einschränkende Erläuterung sowohl für die Datenerhebung als auch für die Auswertung von Belang. Wenn beispielsweise ein Kind während sich wiederholender Gruppenarbeitszusammenhänge beobachtet wird, so kann nicht einfach die eine Gruppenarbeitssituation gleich der anderen gesetzt werden, nur weil es sich jeweils um Gruppenarbeit handelt. Sondern in die Datenerhebung ist der jeweilige Kontext einzubeziehen, innerhalb dessen die beobachtete Gruppenarbeit stattfindet. Weitere

vergleichbare Situationen können das Verhalten während der Partnerarbeit, der Bearbeitung des Pflichtteils eines Wochenplans oder die Materialwahl in Freiarbeitsstunden sein, wie vieles andere mehr.

Die Beobachtung in vergleichbaren Situationen wird überwiegend als eine systematische Langzeitbeobachtung durchzuführen sein und damit vor allem der Förder- und Differenzierungsdiagnostik gute Dienste leisten. Die Entstehung von Lernschwierigkeiten und Verhaltensauffälligkeiten können auf diese Weise ebenso gut erfasst werden wie deren Auswirkungen in unterschiedlichen unterrichtlichen Kontexten.

Beobachtungs- und Beurteilungshilfen

Bei systematischen Beobachtungen in der Grundschule ist also der Einsatz geeigneter Hilfsmittel unverzichtbar, wenn einerseits Verhaltensbeobachtungen zu sachlich angemessenen, aussagekräftigen und zuverlässigen Informationen führen sollen und andererseits die Auswertung der gewonnenen Ergebnisse weder zufällig noch in einem besonders hohem Maße fehlerverzerrt erfolgen soll. Allerdings hat der fließende Übergang zwischen den im schulischen Alltag unverzichtbaren und ständig beiläufig stattfindenden Gelegenheitsbeobachtungen und den systematisch geplanten und zielgerichteten Beobachtungen nicht zu unterschätzende Auswirkungen auf die Entwicklung und den Einsatz derartiger Instrumente. Es werden daher Hilfsmittel benötigt, die der jeweiligen Beobachtungsform besonders gut angepasst sind.

Das Führen eines pädagogischen Tagebuchs, der Einsatz eines Karteikartensystems oder so genannte Schülerbegleitbogen haben sich für das schriftliche Vermerken von spontanen Eindrücken und zufällig haften gebliebenen Informationen ebenso wie auch für gezieltere Beobachtungen in der Schulpraxis bereits vielfach bewährt. Eine besonders zu beachtende Faustregel dabei ist allerdings, die erhaltenen und erinnerten Informationen so verhaltensnah wie möglich schriftlich zu fixieren und diese nicht schon durch voreilige Schlussfolgerungen zu allgemeinen Werturteilen zu verdichten. Es macht nämlich einen gravierenden Unterschied aus, ob man Arbeitssituationen unter Beachtung des situativen Bezugsrahmens einschließlich der interaktiven und kommunikativen Abläufe beschreibt oder als Ergebnis seiner Beobachtung auf einer Karteikarte vermerkt, dass der Schüler X oder die Schülerin Y „sich an dem Experiment der Gruppenarbeit uninteressiert zeigte" oder „in der Freiarbeit trödelte". Sowohl „uninteressiert" als auch „trödeln" sind Urteile, mit denen abstrahiert vom situativen Kontext weit reichende Merkmalszuschreibungen erfolgen. Damit wird gegen den Grundsatz verstoßen, durch Beobachtungen das Kind in seiner Vielfalt und in seinen Beziehungen zu Personen und Sachen sichtbar zu machen; im Gegenteil: Es wird beeigenschaftet, d. h., dass das Kind als alleiniger Verursacher seiner Handlungen und Verhaltensweisen betrachtet wird. Deshalb sollte jede Verschriftlichung von Beobachtungen Aufzeichnungen über die Situation selbst sowie ebenfalls über die eigenen Verhaltenserwartungen und die eigene Befindlichkeit enthalten, auch wenn dies zugegebenermaßen dem einen oder anderen schwer fallen mag. Aber auch hier gilt: Wer einmal damit angefangen hat, wird schnell Übung darin entwickelt haben.

Auf ein Instrument der Beobachtung möchte ich näher eingehen, und zwar das pädagogische Tagebuch. Dies u. a. deshalb, weil es sich mittlerweile schon eines größeren Verbreitungsgrades in der Schule erfreuen kann und darüber hinaus, weil es einen unschätzbaren Fundus zur Reflexion von Schülerverhalten und zur Selbstreflexion im Sinne einer Rückmeldefunktion für das eigene Lehrerverhalten darstellt. Weiterhin werden Bögen zur Beobachtung des Lernverhaltens vorgestellt.

Die Arbeit mit dem pädagogischen Tagebuch

Das pädagogische Tagebuch weist gegenüber anderen Beobachtungs- und Beurteilungshilfen einige bemerkenswerte Vorteile auf, die nach *Standop* (1997) sowohl der komplexen Unterrichtssituation als auch der Persönlichkeit der Lehrerin gerecht werden und wie folgt zusammengefasst werden können:

• „Der Tagebuchschreiber kann auf seinen persönlichen Schreibstil zurückgreifen und braucht sich nicht in ein vorgegebenes Raster zu zwängen.
• Ereignisse werden im Zusammenhang dargestellt. So können im Nachhinein Faktoren stärker berücksichtigt werden, die zunächst als nebensächlich erscheinen.
• Das Verhalten der Kinder in ihrer Beziehung zu anderen Personen oder Sachen wird im Kontext einer bestimmten Situation dargestellt.
• In der Reflexion über die beobachtete Situation erinnert man sich häufig an zusätzliche Details.
• Das Niederschreiben der eigenen Gefühle hilft, sich erneut Klarheit über die eigenen Erwartungen zu verschaffen und die subjektive Bedeutung der Beobachtung für sich selbst einschätzen zu können. Gerade bei Ereignissen, die als persönlich belastend erlebt werden, bietet das Schreiben eine gute Möglichkeit der Verarbeitung.

• Der Beobachter kann seine eigene Rolle reflektieren, besonders hinsichtlich der Bedeutung für das Kind.
• Schwierigkeiten mit Einzelschülern können aufgearbeitet werden, unpassende Zielvorstellungen für ein Kind werden eher deutlich.
• Zugleich können Diagnosen wie auch spontane Ideen für pädagogische Maßnahmen niedergeschrieben werden.
• Verschiedene Unterrichtsmethoden mit ihren Vorteilen und Schwierigkeiten in der jeweiligen Klasse können reflektiert und Verbesserungsmöglichkeiten notiert werden.
• Das Schreiben eines pädagogischen Tagebuchs benötigt keinen großen Aufwand" (*Standop* 1997, S. 21).

Das Tagebuch selbst kann ein dickes Heft, eine Kladde oder ein Ordner mit Ringbuchblättern sein. Die Seiten sollten einen breiten Rand haben, auf dem später ergänzende Hinweise und Bemerkungen notiert sowie erklärende Auswertungen vorgenommen werden können. „Dabei kann es sich um nachträgliche Erinnerungen zu einem Ereignis, Lösungsmöglichkeiten und Pläne oder auch Querverweise zu anderen Situationen handeln" (ebenda). Aus diesen Hinweisen wird schon deutlich, dass die Schilderungen, die ins pädagogische Tagebuch Eingang gefunden haben, weder etwas ein für allemal Endgültiges oder Abgeschlossenes darstellen noch sich allein auf Auffälligkeiten beschränken, sondern tatsächlich die Bandbreite beobachtbaren Schülerverhaltens darstellen. Denn ansonsten würde bei der von Zeit zu Zeit anstehenden Selbstreflexion sehr schnell offensichtlich werden, wo sich Einseitigkeiten, vorschnelle Urteilsbzw. Vorurteilsreaktionen oder eine Häufung negativer Situationen abzeichnen. Demzufolge ist ein pädagogisches Tagebuch auch ein hervorragendes Instrument zur selbstkritischen Prüfung punktuell erfasster Beobachtungsergebnisse und kann im selbst korrigierenden Zwiegespräch dem Lehrer helfen, aus verschiedenen Perspektiven das verschriftlichte Schülerverhalten und sein eigenes Verhalten in Beziehung zu setzen.

Jede Eintragung sollte mit Datum erfolgen und eine Ortsangabe enthalten. Hilfen zur besseren Orientierung sind Übersichtlichkeit und großzügige Unterteilungen, u. a. durch Absätze, Überschriften und eventuelle Unter-Überschriften. Dadurch erhält der Text Struktur, und die spätere Auswertung einzelner Passagen wird erleichtert. Außerdem können ins Tagebuch Zeichnungen, Grafiken oder Tabellen, die entweder selbst von Hand angefertigt oder per Kopie übernommen wurden, eingefügt werden.

Durch die sich aus dem Unterrichtsalltag in zwangloser Folge ergebenden verhaltensnahen Situationsbeschreibungen sind zwangsläufig Informationen über ein Kind in einer Reihe von verstreuten Notizen über das gesamte Tagebuch verteilt. Farbiges Markieren der verschiedenen Kindernamen sorgt deshalb für einen besseren Zugriff auf die Daten. Außerdem scheint es günstig zu sein, die einzelnen Seiten durchzunummerieren und nachträglich ein Inhaltsverzeichnis anzulegen, was ebenfalls das spätere Auffinden bestimmter Informationen sichtlich erleichtert.

Was gehört nun alles in ein pädagogisches Tagebuch? Diese Frage ist leicht zu beantworten. Grundsätzlich kann alles aufgeschrieben werden, was dem Lehrer hilft, ein bestimmtes Verhalten, eine bestimmte Situation oder ein bestimmtes Interaktionsgefüge besser zu verstehen: „Beobachtungen, Gefühle, Reaktionen, Interpretationen, Reflexionen, Vermutungen oder auch Hypothesen" (ebenda).

Außerdem hat nach *Standop* die detailreiche Darstellung Vorteile gegenüber der Zusammenfassung, „denn der Informationswert wird vor allem im Spezifischen deutlich, geht im Allgemeinen leicht verloren" (ebenda). Weiter sollte – wie bereits erwähnt – die Beschreibung der Situation Vorrang vor einer bewertenden Zuschreibung bzw. Kategorisierung haben. Das bedeutet, der Tagebuchschreiber sollte bemüht sein, Beschreibung und Beurteilung voneinander zu trennen und das Hauptaugenmerk auf das „Was" der beobachteten Situation richten. Sicherlich lässt sich dieser Vorsatz nicht immer problemlos durchhalten, denn auch das Protokollieren selbst ist das Ergebnis einer selektiven Wahrnehmung und einer selektiven Auswahl aus der Menge der erhaltenen Informationen und von daher auch nicht frei von implizierten Bewertungen. Aber es macht dennoch einen erheblichen Unterschied, ob der Versuch gemacht wird, das Verhalten eines oder mehrerer Kinder in einer konkreten Situation als ein interaktives Geschehen möglichst genau zu beschreiben oder ob vorschnell von dem konkreten Ereignis abgesehen wird und beurteilende Verkürzungen derart vorgenommen werden, wie „Melanie war heute wieder unausstehlich" oder „Sven war schon wieder völlig unsortiert". Durch derartige beurteilende Zuschreibungen von Persönlichkeitseigenschaften wird für den Tagebuchschreiber überhaupt nicht erkennbar, unter welchen Bedingungen das Kind wahrgenommen und durch welche Handlungen das Verhalten zum Ausdruck gebracht wurde, was aber gerade die Stärke einer verhaltensnahen, situationsbezogenen Beschreibung ist.

Für den Zeitpunkt der Niederschrift gilt, je eher, desto besser, weil dann umso mehr Informationen erinnert werden.

Während des Unterrichts wird es vermutlich nur wenige Gelegenheiten geben, das Tagebuch zu führen. Denkbar wäre es in Phasen, in denen die Lehrerin nicht unmittelbar in das Unterrichtsgeschehen eingebunden ist. Aber selbst dann ist es möglicherweise schwierig. Denn eine weitere Bedingung sollte beachtet werden: Für das Schreiben ins Tagebuch sollte ein weitgehend störungsfreier Zeitraum gewählt werden, da Zeit haben und Ruhe finden wichtig sind für ein sachliches und zuverlässiges Erinnern der als mitteilungswürdig empfundenen Erlebnisse, Erfahrungen und Ereignisse aus dem schulischen Vormittag. Demnach sollten die Notierungen direkt im Anschluss an den Unterricht erfolgen, wenn es geeignete Rückzugsmöglichkeiten in der Schule gibt, was wohl eher selten sein dürfte, oder am Nachmittag bzw. Abend des jeweiligen Unterrichtstages. Allerdings sollte dies nicht heißen, dass spätere Eintragungen nicht mehr erfolgen sollten. Denn auch diese haben durchaus noch einen hohen Informationswert, nur das Erinnern der Zusammenhänge fällt dann oft etwas schwerer.

Ist es schon hilfreich, zwischen einer beschreibenden und einer beurteilenden Aussage zu unterscheiden, so weist *Standop* nachdrücklich auf eine weitere zu beachtende Besonderheit hin, indem beim Tagebuchschreiben grundsätzlich deutlich werden müsse, „ob es sich um eine konkrete Beobachtung oder eine Interpretation handelt. Die Interpretation bietet Raum für Problemüberlegungen, Erklärungen, das Bewusstmachen eigener Vorannahmen und Vorurteile, der Entwicklung von Theorien und dem Einbringen eigener Gefühle" (ebenda). Hilfreich, so führt sie weiter aus, könne die schriftliche Reflexion besonders bei wiederkehrenden problematischen Situationen sein, also bei der Auswertung von

Klassenraum der Klasse 1   26.09.

P. ist nach wie vor sehr nervös und unruhig, vor allem in der vierten Stunde, da sie dann zu erschöpft ist. (Sie wirkt psychisch stark angespannt und ist oft ängstlich, was dann bei ihr zu extremer Gegenwehr und Ablehnung führt, auch wenn sie dabei am ganzen Leib zittert.) Heute war sie sehr überdreht, musste ununterbrochen sprechen. (Es war sehr anstrengend für mich, weil sie den Unterricht so massiv störte.) Dann war plötzlich ihr Stift weg. Ich bekam mit, wie sie nach viel Aufregung und Tränen den Bleistift von T. überreicht bekam. Dennoch konnte sie sich nicht beruhigen. (Da ich mich über ihr dauerndes Stören aber geärgert hatte, habe ich darauf zunächst nicht reagiert, sondern sie sich selbst überlassen.) Schließlich stand sie mit Tränen in den Augen und zitternd vor mir und teilte mir mit, dass der Griff (spezieller Griff für besseren Halt) nicht mehr da wäre und sie „furchtbar geschimpft (?) würde, wenn sie diesen nicht wiederfände".

> Diese Angst finde ich zu extrem. Beobachten! Gespräch mit Vater?

Ich sagte ihr, dass der Griff ja irgendwo in der Klasse sein müsste und nicht einfach verschwinden könnte. Sie solle deshalb noch einmal gründlich nachgucken, ob er nicht irgendwo zwischen ihren Sachen stecken würde. P. drehte sich mit einem unwilligen Aufseufzen und einem „Mann!" weg und ging zu ihrem Platz, stand aber nach kurzer Zeit wieder vor mir und sagte weinend, der Stift wäre wirklich weg, sie hätte doch schon alles durchgeguckt, und sie hätte Angst. Ich sah den verstohlenen Blick von T. in meine Richtung, brachte P. zu ihrem Platz und sagte ihr, ich würde mich darum kümmern. P. knüddelte weinend und verstockt ihr Arbeitsblatt zusammen, blieb aber auf ihrem Platz.
Ich bin erst noch bei einigen anderen Kindern vorbeigegangen und habe mir ihre Arbeiten angesehen, bevor ich zu T. gegangen bin. Ich habe ihn dann leise gefragt, ob er P's Griff gesehen hätte, und er sagte „Nein, ich habe nur den Bleistift auf dem Boden liegen sehen." Zu seinem Unglück habe ich den Griff aber in seinem Ranzen liegen sehen und diesen erst mal möglichst unauffällig eingesteckt, bevor ich ihn P. später wiedergegeben habe. Später bin ich mit T. vor die Klasse gegangen, um mit ihm über die Sache zu sprechen. Aber wie immer ist er zwar sehr rot geworden, hat aber kein Wort dazu gesagt.

> Therapie?

Ich habe noch versucht, ihm zu erklären, dass P. sehr traurig gewesen wäre, und ihn gefragt, wie es ihm denn gehen würde, wenn ihm etwas einfach weggenommen wird, aber auch dazu hat er nichts gesagt.
Nachdem T. weiterhin wiederholt anderen Kindern Sachen weggenommen hat, muss ich noch mal ernsthaft mit seiner Mutter über mögliche Maßnahmen sprechen.

Beobachtungen in vergleichbaren Situationen, ein Verfahren, das ich weiter oben als besonders günstig für eine informationsintensive Erfassung von prozessualen Zusammenhängen eingeschätzt habe. Außerdem wird genau an dieser Stelle deutlich, wie im Grunde problemlos sich ein pädagogisches Tagebuch dazu eignet, gelegentliche Beobachtungen mit systematischen zu verknüpfen. Der hohe Wert von Gelegenheitsbeobachtungen kann gerade mit dem pädagogischen Tagebuch belegt werden, der sich allerdings nur dann ergibt, wenn sie nicht als Ergebnis eines Beobachtungsprozesses betrachtet werden, sondern eben als Ausgangspunkt, um einmal genauer hinzuschauen. Mit dem Führen eines pädagogischen Tagebuchs kann es demnach wie selbstverständlich zu dem immer wieder geforderten Aufeinanderverwiesensein von sich mehr oder weniger beiläufig ergebenden und systematisch geplanten und zielgerichteten Beobachtungen kommen.

Deshalb ist auch der Hinweis wichtig, dass gelegentlich das pädagogische Tagebuch für eine vorläufige Analyse durchgearbeitet werden sollte. „Auf diese Weise kann überprüft werden, welche pädagogischen Maßnahmen wirklich eingesetzt wurden und welchen Erfolg sie hatten. Im Vergleich der verschiedenen Beobachtungen können neue Zusammenhänge entdeckt werden, die eine andere Interpretation zulassen. Gleichzeitig wird deutlich, welchen Anteil die einzelnen Kinder im Tagebuch einnehmen. Wurden vielleicht sogar Kinder ‚vernachlässigt'?" (ebenda). Mit der Zeit enthält ein pädagogisches Tagebuch eine Fülle von Daten, deren analytische Auswertung nahezu von alleine dazu führt, den Zusammenhang von Diagnose, Prognose und pädagogischen Maßnahmen zu beachten. Denn mit den Notizen werden Informationen über die Schülerinnen und Schüler gesammelt und über einen bestimmten Zeitraum so zu einem Verlaufsbild interpretativ zusammengefasst, dass eine Beurteilung der Entwicklung der Schülerinnen und Schüler erfolgen kann, die zur Grundlage vermuteter künftiger Entwicklung und eines darauf bezogenen pädagogischen Handelns gemacht werden kann.

Abschließend sei noch angemerkt, dass ein pädagogisches Tagebuch auch für den innerkollegialen Austausch herangezogen werden kann. Die zahlreichen Situationsbeschreibungen bieten gute Anknüpfungspunkte für das Gespräch mit Kollegen und außerdem Anregungen für eine vertiefte Einsicht, wenn es um die zusammenfassende Beurteilung eines Kindes oder um die Reflexion eigener Unterrichtspraxis geht.

Merkmalsbogen für die Lernverhaltensbeschreibung

Dem diagnostischen Verfahren der systematischen Beobachtung kann allerdings am besten mit der Anwendung spezieller Instrumente entsprochen werden. Ein Beispiel hierfür ist der Merkmalsbogen zur Lernverhaltensbeschreibung (MBL). An ihm soll im Folgenden der mögliche Aufbau einer gut handhabbaren Beobachtungshilfe dargestellt werden und somit zugleich auch die maßgeblichen Kriterien für die (eigene) Entwicklung solcher Hilfsmittel erläutert werden. Entworfen werden können derartige Instrumente im Grunde von jeder Lehrerin bzw. jeder Lehrergruppe selbst. Eine eingehende Einführung soll helfen, dieses Verfahren auf die eigenen pädagogischen Ansprüche und die eigene Unterrichtspraxis abzustimmen, weil differenzierte Beobachtungs- und Beurteilungshilfen nie unabhängig vom eigenen Unterrichtsverständnis auf ihre Angemessenheit und Effizienz geprüft werden können.

1. Mit dem MBL sollen Verhaltensprozesse und Entwicklungsverläufe erfasst werden. Damit steht er in einem erklärten Gegensatz zu statischen Verfahren. „Wichtig ist dabei die Art der Situation, in der ein bestimmtes Verhalten beobachtet wird" (*Schwarzer* 1979, S. 11). Seine verhaltensdiagnostische Gestaltung ist die Konsequenz aus der Vermutung, dass unterschiedlichem Lernverhalten oft eine Divergenz der Lernsituationen zu Grunde liegt und sich somit als konstant angenommene Fähigkeiten oder Eigenschaften nicht nur unterschiedlich, sondern auch unterschiedlich gut entfalten. Die erstmalige Verwendung des Verfahrens ermöglicht die differenzierte Erfassung der Lernausgangslage in den beschriebenen Kategorien, sodass ein erstes Lernverhaltensprofil als Ausgangsbasis erstellt werden kann. Mit dem wiederholten Einsatz lassen sich Lernentwicklungsverläufe erkennen, die sich in neuen, möglicherweise in einzelnen Ausprägungen veränderten Lernverhaltensprofilen niederschlagen.

2. Beobachtungen und Dokumentationen sind nur sinnvoll realisierbar, wenn sie in einem vertretbaren Zeitrahmen durchgeführt werden können. Zur Erleichterung der Notierung von erhobenen Daten enthält der MBL fünfstufige Schätzskalen zum Ankreuzen. Dabei kann die Feststellung und gleichzeitige Zuordnung (Bewertung) eines Verhaltens sowohl ein Vorteil als auch ein Nachteil sein. Die intersubjektive Vergleichbarkeit der Eintragungen erhöht sich fraglos durch die Verwendung von skalierten Ausprägungsgraden. Zugleich wird eine größere Transparenz der erfassten Beobachtungen erreicht. Allerdings beinhaltet die scheinbare Objektivität grafischer Abbildungen mit Hilfe von Schätzskalen eine gewisse Gefahr, da die Möglichkeiten und Ziele dieses Instruments leicht überschätzt werden können, wenn das Augenmerk zu sehr auf die vermeintliche Klarheit und Eindeutigkeit suggerierenden Markierungen gerichtet wird, denn fehlerhaft bleiben auch die auf diesem Weg gewonnenen Daten. Jedoch können durch den mehrfachen kontinuierlichen Einsatz des MBL die Gültigkeit und die Zuverlässigkeit der kategorisierten Beobachtungen in ihrem Ergebnis verbessert werden. Ebenso werden intraindividuelle Lernfortschritte überhaupt erst dann abbildbar, wenn der MBL wiederholt bei demselben Kind angewendet wird, da die Aufzeichnungen hierdurch etwas Prozesshaftes erhalten. Würde dieses Instrument allerdings ausschließlich als ein Beurteilungsverfahren eingesetzt, verlöre es seinen dynamischen Charakter und würde damit der ihm zu Grunde liegenden pädagogischen Intention nicht gerecht.

3. Die Anforderungen und Aufgaben, welche mit der (systematischen) Schülerbeobachtung verbunden werden, können niemals nur durch ein Instrument allein erfüllt werden. Daher ist der MBL auch nur ein Beispiel für einen möglichen Weg, um zu sachlich fundierten Aussagen zur Lernentwicklung von Schülerinnen und Schülern zu gelangen. Geprüft werden sollte darüber hinaus, ob ein Beobachtungsinstrument mit dem pädagogischen Konzept einer Schule bzw. derjenigen Lehrerinnen und Lehrer übereinstimmt, die ihn in ihrer Unterrichtspraxis einsetzen. Innerhalb eines Kollegiums, einer Fachkonferenz oder eines Jahrgangsteams etc. sollten die zur Auswahl stehenden Beobachtungs- und Beurteilungshilfen aus diesem Grund auf gemeinsame pädagogische Leitvorstellungen überprüft und evtl. durch Modifikationen auf die eigenen Schul- und Unterrichtsbedürfnisse abgestimmt werden.

Merkmalsbogen zur Lernverhaltensbeschreibung (Ausschnitt)

Beobachtungskategorien	Beobachtetes Verhalten (kurze situative Beschreibung)	Merkmals- Ausprägung ++ + o - --	nb	Datum der Beobachtung
Auffassungsgabe/Produktivität • zeigt sich Neuem gegenüber aufgeschlossen • entdeckt bei neuen Unterrichts- inhalten schnell den richtigen Lösungsweg …				
Abstrahierendes Denken/ Transfervermögen/Kreativität • unterscheidet bei Aufgaben das Wesentliche vom Unwesentlichen • kann bekannte Lerninhalte auf neue übertragen …				
Selbstständigkeit/ selbstständiges Arbeiten • erledigt Aufgaben unabhängig von Verstärkungen und Rückmeldungen anderer • kann sich selbst Ziele setzen …				
Lernwille/Durchhaltevermögen/ Leistungsbereitschaft • bemüht sich, Aufgaben vollständig zu erledigen • arbeitet auch über längere Zeit konzentriert • ist nicht entmutigt, wenn die Lösung eines Problems nicht auf Anhieb gelingt …				
Lerninteressen/Neugierverhalten • bringt neue Ideen in den Unterricht ein • ist neugierig auf unbekannte und/ oder schwierige Aufgaben …				
Fähigkeit zur Kommunikation/ Interaktion/Kooperation • arbeitet gerne mit anderen in Partner- oder Gruppenarbeit zusammen • lässt sich helfen und ist bereit, Hilfe zu geben …				

Zeichenerklärung:
Das Verhalten ist (++) deutlich, (+) weitgehend, (o) mittelmäßig, (-) weniger oder (--) nicht ausge-prägt, nicht beobachtbar (nb)
Durchführung der Beobachtung/Beurteilung
• während des Unterrichts
• im Anschluss an den Unterricht/noch am selben Tag
• zu einem späteren Zeitpunkt

Bemerkungen:

80

Handlungsanleitung zur Führung und Auswertung des MBL

Entwickelt wurde das Verfahren ursprünglich für die Klassen fünf bis zehn (*Jürgens* 1992), es hat sich jedoch auch für den Einsatz in der Grundschule bewährt. Eingesetzt werden kann dieser Bogen sowohl fachspezifisch als auch fächerübergreifend.

Das allgemeine Lernverhalten repräsentieren sechs Kategorien. Damit das Kind in seinem gesamten Lernumfeld wahrgenommen und beschrieben wird, soll die Aufmerksamkeit der Lehrerin auf unterschiedliche Verhaltensweisen gerichtet werden. Eine Einschätzskala mit fünf Ausprägungsgraden (von ++ bis − −) ermöglicht eine Differenzierung der beobachteten Lernverhaltsmerkmale. Ebenfalls sollte dokumentiert werden, wenn ein bestimmter Verhaltensaspekt über einen bestimmten Zeitraum hinweg nicht beobachtet werden konnte. Die Ursachen hierfür können unterschiedlich sein. Es muss gar nicht ausschließlich an dem Kind selbst liegen, sondern kann auch in den angebotenen Unterrichtsarrangements begründet sein. Denn jeder Unterricht ruft jeweils nur bestimmte Lernverhaltensmuster hervor, und demzufolge kann man zum Beispiel in Phasen freier Arbeit zum Teil vollkommen andere Verhaltensaspekte bei den Kindern beobachten als in Phasen lehrerzentrierter Unterweisung. Der MBL gibt über die notierten Beobachtungen dem Lehrer ein Feed-back zu seiner Alltagsdidaktik.

In einzelnen Fällen kann es angeraten sein, zwar das Auftreten einer Verhaltensweise auf dem Bogen festzuhalten, jedoch auf die Kennzeichnung eines Ausprägungsgrades zu verzichten. Durch dieses Vorgehen richtet sich die Aufmerksamkeit des Lehrers stärker auf die allgemeine individuelle Verhaltensstruktur eines Kindes unter Vernachlässigung einer messenden Einschätzung. Es geht dann mehr um Grundsätzliches. Mitunter dürfte einigen Lehrerinnen oder Lehrern dieses Verfahren sogar persönlich sympathischer sein, weil ihnen die Beurteilung eines Verhaltensausschnitts mithilfe einer Schätzskala ein zu technischer und ein pseudo-genauer Vorgang ist. Der Bogen verliert dadurch nicht seine diagnostische Funktion.

Weil der MBL als Beobachtungshilfe eingesetzt wird, ist es vorteilhaft, ihn für die eigenen Zwecke so zu gestalten, dass in den einzelnen Beobachtungskriterien ausreichend Platz für Mehrfachbeobachtungen zur Verfügung steht.

Ist geplant, den MBL fachbezogen einzusetzen, sollte möglichst eine zusätzliche Aufschlüsselung nach Unterrichtseinheiten, Themenschwerpunkten bzw. übergreifenden Fachlernzielen vorgenommen werden. Ein Beispiel für den Sachunterrricht ist auf der folgenden Seite dargestellt.

◁ *Der vollständige Merkmalsbogen zur Lernverhaltensbeschreibung findet sich in der Zeitschrift Praxis Schule 5-10, Heft 2/1992, S. 38-40*

Merkmalsbogen zur Beschreibung des Lernverhaltens

Name: _____ Klasse: _____

A) Unterrichtseinheit (UE): _____ z.B. Kinder dieser Erde
B) Unterrichtseinheit (UE): _____
C) Unterrichtseinheit (UE): _____
D) Unterrichtseinheit (UE): _____

Beobachtungskategorien	Beobachtetes Verhalten (kurze situative Beschreibung)	Merkmalsausprägung						Datum der Beob- achtung
		++	+	o	-	--	nb	
		UE	UE	UE	UE	UE		
		A B C D	A B C D	A B C D	A B C D	A B C D		
Auffassungsgabe/ Produktivität • zeigt sich Neuem gegenüber aufgeschlossen	1	A						
	2							
	3							
...	...							

Bei Verwendung des Merkmalsbogens als Beurteilungshilfe, zum Beispiel für die Erstellung eines Textzeugnisses, eines Schullaufbahngutachtens oder als Grundlage für ein Elterngespräch gilt grundsätzlich das Gleiche, was zur Verwendung als Beobachtungsinstrument gesagt wurde: Nur wenn eine Reihe von Daten vorliegen, kann eine beurteilende Auswertung und reflektierende Analyse erfolgen. Lediglich einmal den Bogen mit in den Unterricht nehmen und danach dann das Verhalten von Schülerinnen und Schülern beurteilen, würde die pädagogische Absicht dieses Hilfsmittels konterkarieren. Die konsequente und präzise, mehrere Erhebungszeitpunkte umfassende Dokumentation von Verhaltensweisen ist für eine weitest gehend zuverlässig summative Beurteilung unbedingt erforderlich.

Der pädagogisch-diagnostische Anspruch, Beurteilungen einzig auf der Grundlage konkret beobachtbarer Verhaltensweisen durchzuführen, wird durch den Situationsbezug der zu unterscheidenden Merkmale unterstrichen. Die Kategorien des Merkmalsbogens sowie ihre situativen Deskriptionen sollen zur Orientierung im und zur Eingrenzung des unterrichtlichen Beobachtungsfeldes dienen. Es ist jedoch nicht in jedem Einzelfall notwendig, alle Kategorien gleichzeitig in den Beobachtungsprozess einzubringen. Viel günstiger kann es aus unterschiedlichen Gründen sein, sich auf die eine oder andere Kategorie zu beschränken.

Man kann sich beispielsweise auch eine Kategorie mit den entsprechenden Merkmalsbeschreibungen in sein pädagogisches Tagebuch eintragen oder auf einer Karteikarte vermerken und eine oder zwei Wochen lang verschiedene oder alle Kinder nur unter dieser lernspezifischen Schwerpunktsetzung beobachten.

Schülerbeobachtungsbogen nach Nuding

Als einen weiteren Vorschlag für die systematische Erfassung von Schülerverhalten soll ein Schülerbeobachtungsbogen vorgestellt werden, dessen Entwicklung *Nuding* (1997) in seiner Publikation sehr genau nachgezeichnet hat. Aufgenommen wird dieses Instrument in unseren Kontext, um der Leserin und dem Leser zu zeigen, dass je nach Verallgemeinerungsgrad der Beobachtungskriterien die Aussagekraft und der Informationsgehalt der beobachteten und kategorisierten Daten unterschiedlich ausfällt. Dies schlägt sich in dem Dilemma von hochinferenten und niedriginferenten Aussagen nieder. Je situationsgebundener und verhaltensnäher Beobachtungen beschrieben und merkmalsbezogener zugeordnet werden, desto niedriginferenter sind sie, d. h. desto geringer ist die Gefahr unzulässiger, voreiliger Schlussziehung. Dagegen gilt, je weniger Kriterien, an die konkreten Situationen des Geschehens gebunden sind, also je genereller diese formuliert sind, um so größer ist die Gefahr voreiliger Schlussziehung. Man spricht dann von hochschlussfolgernden Kriterien. Während unbestritten das pädagogische Tagebuch die besten Voraussetzungen bietet zur Notierung niedriginferenter Informationen und auch noch mit dem Merkmalsbogen zur Lernverhaltensbeschreibung (MBL) relativ niedrigschlussfolgernde Aussagen möglich sind, ist der Schülerbeobachtungsbogen nach *Nuding* schon als stärker schlussfolgernd einzuordnen. Dennoch kann ein derartiges Instrument für die Diagnose schulischen Verhaltens von Kindern und Jugendlichen seine Berechtigung haben und von Gewinn sein, wenn sich der Benutzer genau über dessen Qualität, d. h. dessen Vor- und Nachteile wie dessen Verwendungsmöglichkeiten und Reichweite bewusst ist.

Zum Schülerbeobachtungsbogen

Dieser Beobachtungsbogen dient zum Einschätzen und Festhalten der von Schülerinnen und Schülern gezeigten Verhaltensweisen in den Bereichen „Sozial-, Arbeits- und Lernverhalten". Zur Notation steht eine fünfstufige Skala zur Verfügung, die dazu dienen soll, den Ausprägungsgrad der einzelnen Beobachtungsaspekte zu differenzieren. Dabei bedeutet 5, dass dieser Beobachtungsaspekt deutlich ausgeprägt ist, 4 – weitgehend, 3 – mittelmäßig, 2 – weniger, 1 – nicht und 0 – nicht beobachtbar. Bitte beachten Sie, dass bei den einzelnen Kategorien keine umfassende Auflistung von Verhaltensweisen möglich ist. Die Leerzeilen stehen immer für den Hinweis, dass hierzu noch weitere Beobachtungen angestellt werden können.

Mit diesem Beobachtungsbogen kann niemals die Gesamtpersönlichkeit eines Kindes beurteilt werden. Vielmehr soll dieses Instrument Grundlage sein für Gespräche mit Eltern, für Verbalbeurteilungen, für Schullaufbahnempfehlungen usw. Denken Sie bitte auch daran, dass Sie u. U. in Ihrem Unterricht mit Hilfe von Arbeits- und Sozialformen Situationen schaffen müssen, in denen Sie bestimmte Beobachtungen anstellen können.

Schülerbeobachtungsbogen zur Erfassung des Sozial-, Arbeits- und Lernverhaltens von Schülerinnen und Schülern (SBB-LAV) nach *Nuding* (1997, S. 105/106)

Name: Klasse:

		5	4	3	2	1	0
VERHALTEN	**Selbstverständnis**						
	• steht zu eigenen Handlungen						
	• respektiert Bedürfnisse anderer						
	• ...						
	Beziehungsfähigkeit						
	• kooperiert mit Mitschüler(innen), hilft ihnen						
	• hält festgelegte Regeln und Rituale ein						
	• bemüht sich um gewaltfreie Konfliktbewältigung						
	• ...						
	Umgang mit Sachen						
	• geht mit eigenen/fremden Sachen sorgfältig um						
	• trägt zur Ordnung im Klassenzimmer bei						
	• ...						
ARBEITEN	**Motivation**						
	• ist neugierig auf unbekannte Inhalte und Aufgaben						
	• strengt sich im Unterricht an						
	• gibt nach Misserfolg nicht auf						
	• ...						
	Konzentration/Ausdauer/Arbeitstempo						
	• lässt sich im Unterricht nicht ablenken						
	• führt begonnene Arbeiten zu Ende						
	• zeigt ein der Aufgabenstellung angemessenes Arbeitstempo						
	• ...						

		5	4	3	2	1	0
ARBEITEN	**Selbstständigkeit** • führt Arbeiten selbstständig durch						
	• kontrolliert Arbeitsergebnisse selbst						
	• eignet sich selbst Wissen, Kenntnisse, Fertigkeiten an						
	• ...						
	Arbeiten in der Gruppe • bringt sich angemessen in eine Arbeitsgruppe ein						
	• dominiert nicht über andere						
	• ...						
	Angst • erschrickt/errötet nicht bei unerwartetem Aufrufen im Unterricht						
	• gerät in Situationen mit Prüfungscharakter nicht ins Schwitzen						
	• lässt sich nicht verstören durch eine bevorstehende Leistungsüberprüfung						
	• ...						
LERNEN	**Intellektuelle Leistungsfähigkeit** • fasst neuen Unterrichtsstoff rasch auf						
	• erkennt wesentliche Zusammenhänge						
	• zieht richtige Schlussfolgerungen						
	• lernt mühelos auswendig						
	• ...						
	Fachliche Kompetenz • wendet fachadäquate Methoden an						
	• stellt Sachverhalte folgerichtig dar						
	• verfügt über einen differenzierten Wortschatz						
	• stellt sorgfältig und fehlerfrei dar						
	• zeigt kreative Fähigkeiten und Fertigkeiten im						
	musisch-ästhetischen Bereich						
	...						

Werfen wir zuerst einen Blick auf die einführenden Erläuterungen, die *Nuding* für die Handhabung gibt. Vergleichbar dem MBL sollen die Beobachtungsergebnisse nach einer fünfstufigen Skala den ausgewiesenen Merkmalen zugeordnet und bewertet werden. Ebenfalls ist eine Spalte für den Fall vorgesehen, wenn ein Verhalten in der angezeigten Form (bisher) nicht beobachtet werden konnte. Weil *Nuding* dem Zusammenhang von Unterrichtsarrangements und der Entwicklung bestimmten Schülerverhaltens Rechnung tragen will, macht er in seinen Anweisungen deutlich, dass Lernen nicht ausschließlich personen-, sondern u. a. situationsabhängig ist. Er fordert, dass Lehrerinnen und Lehrer in ihrem Unterricht mit Hilfe von Arbeits- und Sozialformen Situationen schaffen müssen, in denen bestimmte Beobachtungen angestellt werden können. Damit schließt

85

Nuding sich mit seinem Beobachtungs-instrument der Auffassung an, dass durch Unterricht und Schulleben, durch Erziehungs- und Bildungsarbeit mög-lichst vielfältige Situationen entstehen sollten, damit Schülerinnen und Schüler entsprechend ihrer jeweiligen Lernbio-grafie und Entwicklungsfähigkeit die ganze Breite von situationsabhängigem, personenabhängigem, vom Lerninhalt abhängigem wie von Aufgaben und der Selbsteinschätzung abhängigem Lern-verhalten entfalten können (vgl. *Jürgens* 1982, 1996).

Richtig und wichtig ist sicherlich der Hinweis, dass die unter eine Kategorie subsumierten Verhaltensweisen noch durch die Hinzufügung weiterer ergänzt werden könnten und je nach Verwen-dungszweck auch sollten. Dies macht den Prozess und Veränderungscharakter eines derartigen Instruments deutlich und fordert den Benutzer zur Beantwor-tung der Frage heraus, ob der SBB-LAV in seiner vorliegenden Form für den von ihm favorisierten Unterricht überhaupt passt, und was ggf. ergänzt oder modifi-ziert werden sollte.

Die in der ersten Längsspalte vorgenom-mene Unterteilung in Lernen, Arbeiten und Verhalten ist von der Begrifflichkeit her unglücklich, wenn nicht sogar falsch. Besser wäre es sicherlich gewe-sen, wenn die Wortwahl Lern-, Arbeits- und Sozialverhalten beibehalten worden wären, da es tatsächlich insgesamt um menschliches Verhalten geht. Darüber hinaus ist eine, wenn auch lediglich zu analytischen Zwecken unternommene, Trennung, in Lern-, Arbeits- und Sozial-verhalten nicht unproblematisch. Denn bei den Kategorien und den diese reprä-sentierenden Verhaltensweisen handelt es sich ebenfalls um Lernvorgänge bzw. liegen Lernvorgänge diesen zu Grunde. An Stelle des Begriffs des „Lernens" bzw. des „Lernverhaltens" wäre es zur Ab-grenzung günstiger gewesen, von „kog-nitivem Verhalten" zu sprechen, um das Spezifische der Aussagen stärker hervor-zuheben. Dem Dilemma der Überschnei-dung kann man damit allerdings auch nicht grundsätzlich entgehen.

Ansonsten sind die den SBB-LAV konsti-tuierenden Kategorien sowohl in ihrer Inhaltlichkeit als auch in ihrer Kombina-tion durchaus plausibel und für die Diag-nose schulrelevanten Schülerverhaltens sicherlich sehr nützlich, wenn einige entscheidende Voraussetzungen bei sei-nem Einsatz bedacht werden. Erstens: Auf Grund des hohen Allgemeinheits-grads der Merkmalsaussagen, beispiels-weise wenn unter der Kategorie „Selbst-ständigkeit" als Zuordnung steht „führt Arbeiten selbstständig durch", kann mit diesem Instrument nicht direkt im Un-terricht gearbeitet werden. D. h. die Ka-tegorie „Selbstständigkeit" müsste von der Lehrerin für ihre eigenen Beobach-tungen zuvor in eine Reihe verhaltensna-her, kontextabhängiger Deskriptionen operationalisiert werden, um überhaupt konkret erfahrbare Situationen wahr-nehmen und erfassen zu können, ohne voreiligen Verallgemeinerungen zu un-terliegen. Weiter bedarf es einer Vielzahl von Beobachtungsinformationen, die in unterschiedlichen Lern- und Arbeitszu-sammenhängen gewonnen werden, be-vor eine verdichtende Auswertung der Art erfolgen kann, dass man auf einer Schätzskala festhält, wie gut z. B. eine Schülerin ihre „Arbeiten selbstständig durchführt". Wenn der Leser an seinem eigenen Unterricht und die vielen unter-schiedlichen „Arbeiten" denkt, in und an denen ein Schüler Selbstständigkeit er-lernen und zeigen kann, und er weiter daran denkt, dass sich ein Schüler bei der Bewältigung der einen Arbeit schon sehr selbstständig verhalten kann, während er bei einer anderen Arbeit noch stärker auf Unterstützung angewiesen ist, dann wird ihm sicherlich bewusst werden, wie sensibel und zurückhaltend, insbesondere auch in der Analyse und Interpretation mit den mithilfe des SBB-LAV eingeschätzten Verhaltens„ergebnissen" umgegangen werden sollte. Denn hochinferente Beobachtungsbögen unterliegen auf Grund ihrer inhaltlichen Konstruktion nun einmal der Gefahr, den Beurteilungsaspekt überzubetonen. Oft werden sie vom Benutzer sogar allein auf diese Funktion reduziert, weil die Verhaltensbeobachtungen derartig verallgemeinert werden müssen, dass sie zum einen in ihrer Differenziertheit nicht mehr erkennbar sind und zum anderen durch Ankreuzen auf der Schätzskala zu überdauernden Verhaltens„eigenschaften" werden.

Sicherlich, so könnte nun der Einwand kommen, sollte sich der Lehrer auch ein beurteilendes Bild über die Lernentwicklung seiner Schülerinnen und Schüler machen. Und dazu ist es notwendig, von Zeit zu Zeit zusammenfassende, so genannte summative Evaluationen durchzuführen. Dem ist nicht zu widersprechen und dafür kann der SBB-LAV, wenn er unter den weiter oben genannten Voraussetzungen eingesetzt wird, eine gute Orientierungshilfe sein. Aber der damit implizierten Einschränkung der Diagnose und Prognose von Schülerverhalten und etwaiger sich daran anschließenden pädagogischen Entscheidungen sollte sich der Benutzer bewusst sein. Besser wäre es deshalb, Beobachtungshilfen wie beispielsweise das pädagogische Tagebuch oder den Merkmalsbogen zur Lernverhaltensbeschreibung vielleicht in der nahe gelegten Kombinationsvielfalt zu Kernelementen der Verhaltensbeobachtung zu machen und den SBB-LAV als Ergänzung von Fall zu Fall für summative Beurteilungsvorgänge heranzuziehen.

Gestaltung prozessorientierter und differenzierter Berichtszeugnisse

A bgesehen von vorauszusetzenden Kompetenzen, wie einer pädagogisch-qualifizierten Wahrnehmungs-, Urteils- und Prognosefähigkeit und der Fähigkeit, Lernprozesse zu analysieren und Lernergebnisse angemessen festzustellen, ist für das Schreiben von Berichtszeugnissen ein sensibler, verantwortungsvoller und ehrlicher Umgang mit Formulierungen unerlässlich. Abgefasst als entwicklungsbezogene Berichte sollten die beschreibenden Aussagen hinsichtlich des Lern- und Leistungsstands, des allgemeinen Lernverhaltens und seiner Entwicklung wie des Arbeits- und Sozialverhaltens klar verständlich und ohne beschönigende Verschleierung, aber trotzdem ermutigend für das Weiterlernen des Kindes sein. Gleiches gilt für die Gründe, mit denen das festgestellte Verhalten erläutert wird wie für die Vorhersage künftigen Verhaltens und darauf abgestimmter pädagogischer Maßnahmen.

Zwei aufeinander folgende Arbeitsschritte können grundsätzlich unterschieden werden: die Phase der Vorklärung und Vorarbeit sowie die Phase des Zeugnisschreibens.

Vorbereitungsphase

Die allgemeinen und fachgebundenen Lernziele des jeweiligen Schuljahres müssen in der Zusammenfassung vorliegen. Dies mag vielleicht dem einen oder anderen als selbstverständlich erscheinen, soll aber noch einmal der Selbstreflexion darüber dienen, welche grundlegenden Ziele angestrebt wurden und welche das betreffende Kind erreichen konnte bzw. welche noch nicht. Selbstreflexion auch deshalb, weil gleichzeitig damit Überlegungen angestellt werden, ob die durchgeführten Differenzierungsmaßnahmen und Förderstrategien wirksam gegriffen haben und die eingeschlagene Richtung beibehalten werden sollte oder ob über andere Vorgehensweisen nachgedacht werden sollte, mit denen bessere Ergebnisse zu erzielen wären. Wird so einerseits der Bezug zum Erziehungs- und Bildungsauftrag der Grundschule wie insbesondere zu den pädagogisch-anthropologischen Zielsetzungen humaner Grundschularbeit sichergestellt, dienen die für das laufende Schuljahr angestrebten allgemeinen und fachgebundenen Unterrichtsziele als Strukturierungshilfe für die erbrachten individuellen Lern- und Leistungsfortschritte. Wer im Laufe des Berichtszeitraums regelmäßig und gezielt unter Bezugnahme auf eigene pädagogische Fragestellungen die Lernentwicklung eines jeden Kindes verfolgt und dazu sich die entsprechenden Notizen gemacht hat, ist nun sehr gut in der Lage, das Kind ganzheitlich, d. h. in seinen unterschiedlich gemachten Erfahrungen und Einsichten, in seinen unterschiedlich ausgebildeten Fähigkeiten und unterschiedlich beherrschten Fertigkeiten, in seinen kleinen und großen Erfolgen, in seinen anstrengenden Umwegen und seinem mühevollen Überwinden von Misserfolgen „sichtbar" zu machen. Selbstverständlich sind daneben die weiteren im Zusammenhang des schulischen Lernens erbrachten Leistungen wie die Ergebnisse der mündlichen Mitarbeit, der schriftlichen und mündlichen Lernkontrollen wie der Klassenarbeiten ebenfalls in die Beschreibung des Lernstandes miteinzubeziehen. Auch Arbeitsprodukte wie künstlerisch-kreative und handwerklich-praktische Leistungen sollten unbedingt in einen Lernentwicklungsbericht aufgenommen werden. Aber fraglos lassen sich die Prozesse, die zu diesen Endprodukten geführt haben, wiederum durch gründliche, lernbegleitende Beobachtungen in ihren individuellen und/oder sozialen Abläufen transparent machen. D. h. Beobachtungen lassen uns verstehen, wie und warum es überhaupt zu bestimmten Lern- und Arbeitsprodukten gekommen ist bzw. auch, warum es nicht für den erhofften Erfolg gereicht hat. Der Verhaltensbeobachtung fällt innerhalb des Dreischritts von Diagnose, Prognose und pädagogischem Handeln die Rolle des wichtigsten Informationsbeschaffers zu und dementsprechend müssen ihre Ergebnisse in den Textzeugnissen gewichtet werden.

Zusammenfassend dürfte deutlich geworden sein, dass im Grunde die Vorarbeiten für das Schreiben eines Textzeugnisses zu der Zeit beginnen, zu der man eine Grundschulklasse übernimmt und anfängt mit ihr zu arbeiten. Demnach zählt zu einer systematisch angelegten Vorarbeit die Beachtung der folgenden Planungsschritte:

• Auseinandersetzung mit den Zielen und der Funktion von systematisch durchgeführter Verhaltensbeobachtung zu Beginn des Schuljahres bzw. bei Neuübernahme einer Klasse. Dazu gehört unbedingt die Beantwortung nach dem Sinn und der Notwendigkeit dieser Beobachtungsform ebenso wie die nach ihren Grenzen und ihres konstruktiven Verhältnisses zu der Gelegenheitsbeobachtung.

• Prüfung und Auswahl geeigneter Beobachtungs- und Beurteilungshilfen.
• Über die für das laufende Schuljahr angestrebten allgemeinen und fachlichen Lernziele auf der Grundlage der Lehrpläne, Richtlinien etc. wurde sich im Kollegium verständigt bzw. hat man sich für sich selbst Klarheit verschafft.
• Um die Textzeugnisse für die Eltern verständlich zu machen, d. h. den Lern- und Leistungsstand und die Lern- und Leistungsentwicklung sachbezogen einordnen zu können, benötigen Eltern Informationen über das, was Gegenstand und Ziel des Lernens in dem Berichtszeitraum war. Dies kann in mündlicher und/oder schriftlicher Form erfolgen, sowohl zu Beginn des Schuljahres als auch je nach Bedarf von Zeit zu Zeit während des Schuljahres.
• Lernbegriff, Gestaltung des Unterrichts und differenzierte Leistungsbeurteilung bilden einen unaufhebbaren, sich wechselseitig bedingenden Zusammenhang. Die Kinder in der heutigen Grundschule unterscheiden sich gravierend hinsichtlich ihrer Bedürfnisse und Ansprüche, ihrer Vorkenntnisse und Vorerfahrungen, ihrer emotionalen, intellektuellen, sozialen und praktischen Fähig- und Fertigkeiten. Differenzierender Unterricht ist zwingend notwendig, individueller und sachnormbezogener Lernfortschritt nur über differenzierte Leistungsbeurteilung angemessen abbildbar.
• Kontinuierliche Beobachtungen während des Berichtszeitraumes zur Lernausgangslage bzw. Lernvoraussetzungen jedes Kindes, zur individuellen Entwicklung seiner Kenntnisse, Erfahrungen und Fertigkeiten, seiner Lern- und Arbeitshaltung, seiner Fähigkeit, mit anderen zusammenzuarbeiten und zunehmend Aufgaben in Eigenverantwortung durchzuführen etc. werden zu einem Gesamtbild der Lernentwicklung zusam-

mengefügt. Ergänzt werden sie durch Ergebnisse mündlicher und schriftlicher Erfolgskontrollen, die in unterschiedlichen Formen zur täglichen Unterrichtsarbeit gehören.

• Die Beobachtungen und die Ergebnisse der Arbeits- und Lernleistungen werden in geeigneter Form schriftlich festgehalten. Die Dokumentation geschieht in unterschiedlichen Formen, je nachdem welche dem Benutzer als für die eigenen Zwecke und pädagogischen Ansprüche besonders geeignet scheint.

Aus der Fülle der im Verlauf eines Schulhalbjahres oder Schuljahres zusammengetragenen Daten muss ausgewählt werden, wenn das Schreiben des Berichtszeugnisses ansteht. Einmal, weil nicht alles gleich wichtig ist, zum anderen, weil nicht alles schriftlich mitgeteilt werden soll bzw. muss oder auch einfach deshalb, weil eine Begrenzung des Textes aus platz- und/oder zeitökonomischen Gründen notwendig bzw. wünschenswert scheint. Während ein kurzes Textzeugnis kaum mehr als allgemeine Aussagen enthalten kann, besteht bei einem überlangen Bericht die Gefahr, sich in redundanten Beschreibungen zu verlieren. Insofern ist es wichtig, in Vorüberlegungen für sich zu klären, welche Informationen in den Bericht aufgenommen werden sollen und welche nicht. Als hilfreich für die Vorbereitung hat es sich erwiesen, wenn mit der Auswertung der eigenen Beobachtungsprotokolle nicht bis kurz vor dem Termin des Zeugnisschreibens gewartet wurde, sondern schon während des Berichtszeitraumes hin und wieder zusammenfassende Analysen und Interpretationen zur Lernentwicklung jedes Kindes vorgenommen wurden. Dann steht man am Ende auch nicht vor einem so großen Berg von Informationen, der einen zu „erschlagen" scheint, sondern ist bereits im Besitz

vorstrukturierter schriftlicher Daten zur Lern- und Leistungsentwicklung der Kinder. Für mündliche oder schriftliche Informationen, die den Eltern außerhalb offizieller Termine, wie z. B. Elternsprechtag oder Zeugnisausgabe, von Zeit zu Zeit gegeben werden sollten, böten dann diese Zwischenauswertungen dem Lehrer eine äußerst fundierte Gesprächsbasis.

Als vorstrukturierende Arbeitsgrundlage und zur intersubjektiven Verständigung wie auch zur eigenen Selbstvergewisserung habe ich den folgenden (erweiterbaren) Fragenkatalog entwickelt:

• Was hat mich hinsichtlich der für den Berichtszeitraum angestrebten Erziehungs- und Bildungsziele in der Entwicklung und den Lernfortschritten des Kindes beeindruckt und verdient von daher, in ein Wortzeugnis aufgenommen zu werden?
• Wie kann ich das Gemeinte veranschaulichen und für den Adressaten verständlich machen?
• Wie vermeide ich das Dilemma, einerseits einer ermutigenden, unterstützenden Pädagogik gerecht werden zu wollen und andererseits nicht zu nichts sagender, verklärender Schönfärberei zu neigen?
• Wie kann ich das Kind als Ganzes „sichtbar" machen, ohne es zu „beeigenschaften" und ohne es isoliert von seinen individuellen Lernvoraussetzungen und von seinem innerschulischen bzw. so weit wie möglich auch außerschulischen Lernumfeld zu betrachten?
• Wie kann der Zusammenhang von Lernen als Prozess und Lernen als Ergebnis zufriedenstellend zum Ausdruck gebracht werden, damit einerseits konkret nachvollziehbar wird, welchen Lernstand das Kind erreicht hat und welche Lernfortschritte in dieser Zeit gemacht wurden?

• Welche und in welcher Form sollen Bemerkungen zur Verbesserung des Lern-, Arbeits- und Sozialverhaltens und/oder zu speziellen Problemen, Mängeln, Defiziten etc. des Kindes gemacht werden?
• Welche Weiterlernmöglichkeiten und Fördervorschläge sollen erwähnt werden?
• Wie kann ich formulieren, dass gute Lerner in ihrer Motivation und ihren Anstrengungen nicht nachlassen sollen?

Wer sich bei seinen Vorarbeiten an diesen oder ähnlichen Fragen orientiert, wird frei formulierte Berichtszeugnisse schreiben, die in Form und Qualität den Ansprüchen an eine differenzierte Leistungsbeurteilung in hohem Maße genügen werden. An anderer Stelle wurde schon ein ebenfalls sehr hilfreicher und umfänglich qualitätssichernder Merkmalskatalog vorgestellt, auf den noch einmal hingewiesen werden soll (vgl. S. 58–61). Sowohl als Ergänzung als auch allein enthält er eine Reihe von Anregungen und kritischen Kontrollaussagen, um die eigene Praxis verbaler Zeugnisse zur wünschenswerten Qualität zu entwickeln.
Textzeugnisse als Entwicklungsberichte – und nur dies kann mit der Zeugnisreform pädagogisch gewollt sein – sind darauf angelegt, den Zusammenhang und die Einheit von Diagnose, Prognose und pädagogischem Handeln zu gewährleisten. Ausgangspunkt und Grundlage diagnostischen Vorgehens sind systematisch gewonnene Informationen wie protokollierte Beobachtungen, Übungsdiktate, Arbeitsprodukte etc., die nach bestimmten diagnostischen Aspekten ausgewertet werden. Vergleichen, analysieren und interpretieren sind derartige Aspekte. Vergleichen ist ein unentbehrlicher Vorgang diagnostischen Handelns. „Schon wenn wir im Alltag etwas beobachten, stellen wir ständig Vergleiche an.

... Wir wollen die Beobachtung ja gedanklich verarbeiten, sie in unsere Erfahrung einordnen und beurteilen. Zu diesem Zweck greifen wir auf frühere Beobachtungen des gleichen oder ähnlichen Geschehens zurück" (*Ingenkamp* 1995, S. 24). Wenn wir das Verhalten von Grundschulkindern in einem Lernentwicklungsbericht vergleichen, dann entweder mit dem Verhalten desselben Individuums zu früheren Zeitpunkten (individuelle Bezugsnorm) oder mit der zielbezogenen Beschreibung eines Verhaltens (sachliche Bezugsnorm). Beides geschieht, um Könnenserfahrungen und Lernfortschritte sichtbar und einordnungsbar zu machen.
Beim Analysieren wird über die vergleichende Einordnung hinausgegangen. Es soll zusätzlich herausgefunden werden, warum ein Verhalten vom früher gezeigten Verhalten des Individuums bzw. von einem Lernziel abweicht. „Wir wollen die Gründe analysieren, wobei wir in der Schulpraxis um so mehr an der Analyse interessiert sind, je mehr das Verhalten von unseren Erwartungen abweicht" (ebenda). Das bisher auf Vergleichen und Analysieren basierende diagnostische Vorgehen, das sich in den Aussagen jedes Lernentwicklungsberichts niederschlagen sollte, mündet in zwei weitere Tätigkeiten: erstens der Interpretation und zweitens der Prognose. Die miteinander oder an einer Sachnorm verglichenen und analysierten Informationen müssen „geordnet, kritisch beurteilt, gewichtet und zu einer wertenden Stellungnahme zusammengefasst werden" (ebenda). Dies betrifft sowohl die Beurteilung des Lernstands als auch der Lernentwicklung. Diagnostische Informationen werden verglichen, analysiert und interpretiert, um Antworten auf die Fragen zu erhalten, welche Fortschritte hat das Kind in welchen Bereichen und mit welchem Erfolg erzielen können. Wo-

durch wurden Lernentwicklungen gefördert bzw. gehemmt, oder warum konnten bestimmte Erwartungen nicht erfüllt werden. Mit der Beurteilung werden die zusammengetragenen und ausgewerteten Informationen zu einem Gesamtbild zusammengefügt, das einer Momentaufnahme ähnelt. Zum Zeitpunkt der Urteilsfassung stellt sich das Schülerverhalten der Lehrerin/dem Lehrer in der interpretierten Weise dar. Jedes Urteil ist demnach vorläufig und auf Revision angelegt. Und damit kommt ein weiterer Aspekt in den Blick, und zwar die Prognose.

Der Lehrer oder die Lehrerin sieht sich ständig veranlasst, um allen Kindern die ihnen gemäße Förderung zuteil werden zu lassen, „von dem in vergleichenden Beobachtungen erfassten und analysierten Verhalten aus auf Verhalten in anderen Situationen oder in der Zukunft zu extrapolieren" (*Ingenkamp* 1995, S. 25). Somit ist in die Diagnose prognostisches Vorgehen eingebunden. Diagnostische Tätigkeiten wie Vergleichen, Analysieren und auch Interpretieren machen pädagogisch nur dann Sinn, wenn daraus Konsequenzen für das Lern-, Arbeits- und Sozialverhalten in neuen unbekannten Situationen oder die künftige Lernentwicklung gezogen werden. Mit der prognostischen Tätigkeit werden folgende Fragen beantwortet:

• Wie kann und sollte künftig weitergelernt werden; auf welchen Wegen und mit welchen Hilfen?
• Was soll künftig besonders oder mehr gelernt werden, was bedarf vielleicht weniger Beachtung?
• Warum soll künftig das eine oder andere vorrangig gelernt werden, welchen Stellenwert hat es für die individuelle Lernentwicklung des Kindes bzw. für die Entwicklung einer bestimmten Tätigkeit, eines bestimmten Verhaltens?

Aus der Prognose heraus ergeben sich pädagogische Handlungspläne bzw. Vorschläge an das Kind und die Eltern für künftiges Weiterlernen. Die aus der sorgfältigen Diagnose abgeleitete Annahme, dass ein bestimmtes Verhalten in Zukunft auftreten werde, macht pädagogische Aktivität in verschiedene Richtungen und mit unterschiedlicher Konsequenz erforderlich.

Es müssen womöglich verschiedene Entscheidungen und Maßnahmen gegeneinander abgewogen werden. Des Weiteren muss womöglich geklärt werden, welche der ins Auge gefassten Maßnahmen sofort eingeleitet werden müsste und welche vielleicht erst zu einem späteren Zeitpunkt nötig wird. In einem Lernentwicklungsbericht haben die vorgeschlagenen Maßnahmen beratenden Charakter.

Phase des Zeugnissschreibens

Allgemein existieren für Textzeugnisse je nach Bundesland formale Richtlinien und Vorschriften. Diese betreffen mitunter sowohl die Regelung inhaltlicher Kategorien zur Grobgliederung des Inhalts als auch den begrenzten Raum, der für die Niederschrift des Berichts auf den Zeugnisformularen vorgesehen ist. Besonders letzteres wird oft als eine unnötige Beschränkung empfunden. Mit ihr einher geht die Gefahr, wiederholt auf formalhafte, stereotype Formulierungen zurückzugreifen und dementsprechend die Beobachtungsergebnisse abstrahierend von situativen und lang andauernden Einflüssen zu verallgemeinernden Aussagen zu verdichten.

Allerdings sollte ein begrenztes Platzangebot nicht zwangsläufig zu floskelhaften, informationsarmen Aussagen führen. Einerseits ist der Lehrer oder die Lehrerin nicht an den im offiziellen Zeugnisformular vorgegebenen Platz gebunden, wenn nicht ein Erlass dies ausdrücklich so vorschreibt. Zum anderen sollte unabhängig vom Platzangebot sehr genau überlegt werden, was unbedingt im Lernbericht erwähnt werden müsste und was nicht. (Wie bereits angesprochen, gibt es eine Reihe von Sachverhalten, die im Berichtszeugnis nur sehr weitschweifig dargestellt werden könnten, um zum einen den Zusammenhang zu erklären und um zum anderen nicht missverstanden zu werden, und die deshalb besser in einem persönlichen Gespräch mit den Eltern vermittelt werden sollten.)

Der erste Schritt ist demnach zu entscheiden, was alles in den Text aufgenommen werden soll. Der zweite entscheidende Schritt besteht dann in der geschickten und trotzdem verhaltensnahen Verdichtung von Informationen. Die Formulierungen sollen für die Adressaten ebenso griffig wie verständlich sein. Kein Berichtszeugnis kommt ohne Informationsverdichtung aus. Wir kommen gar nicht daran vorbei, die Fülle uns vorliegender Informationen auf wenige Aussagen zusammenzudrängen, womit immer auch ein Informationsverlust einhergehen muss. Dies gilt selbst für Lernentwicklungsberichte, die weit über den üblichen Rahmen hinausgehen würden. Um so wichtiger wird deshalb die sprachliche Formulierung, die meiner Auffassung nach unbedingt mit eigenen Worten erfolgen sollte. Dies gilt es zu betonen und zu begründen, weil es genügend Verführer gibt, die eine andere Handhabung vor allem aus arbeitserleichternden Gründen so einfach und mühelos erscheinen lassen. Diese Problematik berührt die Frage nach der Verwendung von vorformulierten Standardaussagen, wie sie für bestimmte Zeugnistypen ebenso gebräuchlich sind wie für vorgeblich frei formulierte Berichtszeugnisse.

Zeugnisformen in der Verbalbeurteilungspraxis

Verschiedene Formen zensurenfreier Berichtszeugnisse werden in der Grundschule verwendet, und zwar:

Rasterzeugnisse: Sie enthalten für die einzelnen Lernbereiche bzw. Verhaltensfelder vorgegebene Urteile, die für das einzelne Kind durch Ankreuzen markiert und damit in bestimmter Weise kombiniert werden können.

Baustein-Zeugnisse: Formulierungshilfen bestehend aus einer Vielzahl standardisierter Aussagen, aus denen die für jedes Kind zutreffend scheinenden ausgewählt werden können. Inzwischen sind auch kommerzielle PC-Programme im Angebot auf dem Lehr- und Arbeitsmittelmarkt.

Berichtszeugnisse: Frei formulierte Texte, in denen sich mit dem Lernstand und der Lernentwicklung des Kindes möglichst verhaltensnah auseinander gesetzt wird.

Daneben werden noch so genannte Textzeugnisse in Briefform verwendet, die sich in Du-Anrede direkt an das betreffende Kind wenden. Ich betrachte dies als Variante bzw. Ergänzung des Berichtszeugnisses, nicht aber als eine generell andere Zeugnisform.

Mitunter werden verschiedene Formen miteinander verbunden, was aber die grundsätzliche Frage nach den Qualitätsansprüchen, denen ein verbales Zeugnis genügen sollte, nicht beantwortet, allenfalls etwas von ihrer Schärfe zu nehmen versucht. Denn auf Grund der bisher vorgelegten Argumente dürfte es auf der Hand liegen, dass Raster- und Bausteinzeugnisse, selbst wenn sie ihren Möglichkeiten nach gut gemacht sind, nicht oder nur unzulänglich den geforderten Maßstäben an eine informative, verhaltensbezogene und kontextorientierte, das Kind sowohl in seiner Ganzheit als auch in seinem Eingebundensein in interaktive Strukturen erfassende und beurteilende Begutachtung gerecht werden können. Das Dilemma zwischen Arbeitsökonomie und Informationsgehalt ist nicht ohne weiteres aufhebbar; die beiden disparaten Ansprüche können lediglich mit unterschiedlichen Pendelausschlägen zu der einen oder anderen Seite hin miteinander in Beziehung gesetzt werden. Ein differenziertes, hochinformatives Berichtszeugnis kann trotz bestem persönlichen Zeitmanagement und günstigsten arbeitsökonomischen Vorgehen nicht mit dem gleichen Arbeitsaufwand erreicht werden wie beispielsweise ein durchaus umfangreiches Baustein-Zeugnis. Ebensowenig mit einem Rasterzeugnis. Die folgenden Aussagen entstammen einem für den Sachunterricht entwickelten Raster (vgl. Landesinstitut für Schule und Weiterbildung 1997, S. 104). Zutreffendes sollte von der Lehrerin angekreuzt werden.

- ○ hat Probleme selbstständig erkannt
- ○ hat Probleme über Hinweise erkannt
- ○ hat Fragen entwickelt
- ○ hat eigene Lösungswege gesucht/gefunden
- ○ konnte Lösungswege nachvollziehen
- ○ konnte Lösungswege mit Hilfe nachvollziehen
- ○ hat sich Informationen aus Texten verschafft/ausgewertet/angewandt
- ○ hat brieflich Informationen eingeholt
- ○ hat Informationen erfragt
- ○ hat Bildmaterial gesammelt/ausgewertet
- ○ hat Karten und Schaubilder gesammelt/ausgewertet
- ○ hat zusätzliches Material besorgt (z. B. Dias, Videos, Bänder, Fotos)
- ○ hat Modelle hergestellt
- ○ hat Versuche durchgeführt
- ○ hat Arbeitsergebnisse in Bildern und Zeichnungen dargestellt

- ○ hat Arbeitsergebnisse schriftlich festgehalten
- ○ hat Arbeitsergebnisse sachgerecht wiedergegeben
- ○ hat Arbeitsergebnisse frei vorgetragen
- ○ hat Arbeitsergebnisse vorgelesen
- ○ hat umfangreiches Wissen
- ○ beherrscht das notwendige Wissen
- ○ Wissen weist noch Lücken auf

Bemerkungen: besondere Interessen und Leistungen; Mängel; erforderliche Hilfen etc.

Ein solches Rasterzeugnis hat sicherlich den Vorteil arbeitsökonomischer Handhabung, ist demgegenüber aber in jeder Einzelaussage pauschalierend und undifferenziert, wie sich mühelos an einer Aussage wie jener „Wissen weist noch Lücken auf" nachweisen lässt. Sofort müsste nämlich nachgefragt werden, Wissen auf welchen Gebieten, Wissen welcher Art (z. B. formales/materiales), Wissen über Methoden, Lerntechniken oder Lernstrategien, Lücken wiederum auf welchen Gebieten, welcher Qualität und mit welchen Auswirkungen etc. Jeder Leserin und jedem Leser werden noch eine Reihe weiterer Fragen einfallen. Nicht viel besser gelingt dies mithilfe standardisierter Formulierungen, die für die einzelnen Lernbereiche vorab entwickelt wurden und die für das einzelne Zeugnis nach der Baustein-Methode entsprechend ausgesucht werden können. Ein Beispiel mag dies belegen (3. Klasse, 1. Halbjahr):

„Religion
- ○ lässt sich von religiösen Fragen ansprechen und verfolgt deren Behandlung mit großer Aufmerksamkeit,
- ○ hat biblische Texte verstanden, kann sie nacherzählen und deuten,
- ○ hat eingesetze Medien (Bilder, Dia-Reihen) mit Interesse verfolgt und zu interpretieren versucht,

○ zeigt sich offen für Probleme des Andersseins in der eigenen Umgebung (andere Religionen, Randgruppen, Menschen, die es schwer haben).

Sprache (mündlicher Sprachgebrauch)
○ hat anderen interessiert zugehört,
○ ist auf Gesprächsbeiträge eingegangen,
○ hat sich einfallsreich, sachgerecht und folgerichtig geäußert,
○ hat Texte im Rollenspiel nachempfunden,
○ hat einen umfangreichen, differenzierten Wortschatz, gebraucht stets grammatikalisch richtige Wort- und Satzformen.

Lesen
○ kann einen Text wortgetreu und flüssig lesen und die Bedeutung des Gelesenen zum Ausdruck bringen,
○ kann den Sinn des Textes erfassen und nacherzählen,
○ kann zu einem Text Vorstellungen entwickeln und ihre/seine Gedanken dazu äußern.

Rechtschreiben
○ hat geübte Diktate und ungeübte Texte mit wenigen Fehlern geschrieben,
○ hat Rechtschreibhilfen angewendet (Wörterliste, Wörterbuch, Ableitungen durch Verlängerungen, Suchen verwandter Wörter),
○ kann beim freien Schreiben Rechtschreibregeln zum großen Teil beachten (Großschreibung von Namen, Satzanfänge und Anredewörter, Silbentrennung, Satzschlusszeichen),
○ verfasst gerne eigene kreative Texte" (Landesinstitut für Schule und Weiterbildung 1997, S. 106/107).

Auch bei diesem Verfahren ist das Pendel deutlich zu Gunsten der Arbeitsökonomie und damit zu Lasten des Informationsgehalts und der Aussagekraft des Berichtszeugnisses ausgeschlagen. Unbestreitbar sind die einzelnen Aussagen näher am betreffenden Kind als beim zuvor dargestellten Rasterzeugnis, aber dennoch bleibt dieser Text ebenfalls eine Zusammenfügung schematischer, teils unkonkreter und unverbindlicher beurteilender Eindrücke (z. B. „kann zu einem Text Vorstellungen entwickeln und ihre/seine Gedanken dazu äußern", „ist auf Gesprächsbeiträge eingegangen" oder „verfasst gerne eigene kreative Texte"). Außerdem enthält ein derartiges Berichtszeugnis weder Entwicklungsaspekte, noch findet eine Auseinandersetzung mit den Förder- und Entwicklungsperspektiven statt. Das pädagogische Prinzip, ein Berichtszeugnis gemäß der Schrittfolge von Diagnose, Prognose und pädagogischem Handeln aufzubauen und damit dem Zusammenhang von Beurteilung und Beratung Rechnung zu tragen, muss zudem zwangsläufig bei diesem Vorgehen völlig außer Acht bleiben.

Eine kommerzielle Variante dieser Baustein-Zeugnisse stellen Angebote von Herstellern entsprechender Software dar. Hierbei wird es problemlos möglich, durch das Zusammenfügen vorgegebener Beurteilungen für jedes einzelne Kind ein Berichtszeugnis zu konstruieren.

Im Grunde reicht eine Grobeinschätzung in gut, mittel, ausreichend o. Ä. aus, um darauf passend ein verbales Zeugnis zuzuschneiden. Die „Formulierungshilfen für Schulberichte und Zeugnisse" (*Ochl* 1996), die in Buchform und als Software erhältlich sind, versprechen dem Benutzer 3000 Formulierungsbeispiele sowie klare Gliederung nach Klassenstufen, Stichworten, Kategorien und Beurteilungsstufen. Außerdem werden hilfreiche Tipps zur Herstellung der Berichtstexte sowie allgemeine Hinweise und Anregungen zur Herstellung von Schulberichten und Zeugnissen mit dem Computerprogramm (Schulberichtsmanager) gegeben.

Die Formulierungshilfen für Schulberichte der Klassen 1 und 2 beziehen sich auf die Bereiche „Verhalten", „Arbeiten" und „Lernen". Exemplarisch wurden aus jedem Bereich einige Zuschreibungen ausgewählt und nachfolgend aufgeführt, um den Leserinnen und Lesern ein eigenes Bild und eine eigene Stellungnahme zu ermöglichen. Die Aussagen sind jeweils in fünf Stufen klassifiziert, um qualitative Abstufungen vornehmen zu können.

Verhalten gegenüber Mitschülerinnen und Mitschülern
„Stufe 1
○ erwies sich als hilfsbereiter/hilfsbereite Klassenkamerad/Klassenkameradin, der/die mit fast allen Mitschülern gut zurechtkam,
○ hatte keine Schwierigkeiten, mit seinen/ihren Klassenkameraden angemessen umzugehen,
○ war im Umgang mit seinen/ihren Mitschülern herzlich und kameradschaftlich und nahm Anteil an den Erlebnissen anderer,
○ war immer hilfsbereit und rücksichtsvoll, und er/sie war durch sein/ihr offenes und freundliches Wesen bei seinen/ihren Mitschülern sehr beliebt" S. 13).

„Stufe 4
○ Er/sie sollte sich bemühen, im Umgang mit seinen/ihren Mitschülern ruhiger und beherrschter werden,
○ er/sie verhielt sich oft unruhig und gab dadurch zu Störungen Anlass,
○ gab sich noch zu wenig Mühe, seinen/ihren Wunsch, stets der/die Erste sein zu wollen, den allgemeinen Interessen anzupassen" (S. 21/23).

Arbeitsweise
„Stufe 1
○ Er/sie arbeitete ausdauernd und mit großer Konzentration, und er/sie gab auch bei schwierigen Arbeiten nicht auf,
○ sowohl seine/ihre Pflichtaufgaben als auch freiwillige Arbeiten führte er/sie freudig und selbstständig aus" (S. 67/69).

„Stufe 3
○ Er/sie bemühte sich um eine sorgfältige und ausdauernde Arbeitsweise, benötigte dazu aber häufig den Zuspruch der Lehrerin.
○ Im Unterricht arbeitete er/sie langsam und mit wechselnder Ausdauer.
○ Zuweilen ließ er/sie sich noch leicht ablenken und musste zu mehr Mitarbeit angeregt werden" (S. 69/71).

Sprachfähigkeit
„Stufe 1
○ Er/sie ist jederzeit in der Lage, sachliche Zusammenhänge, sprachlich geschickt und anschaulich darzulegen.
○ Es fällt ihm/ihr nicht schwer, den erlernten Wortschatz sprachlich richtig anzuwenden und Beobachtungen und Erlebnisse lebendig darzustellen.
○ Kann interessant und originell erzählen, und er/sie kann Gespräche anregen und bereichern" (S. 115).

„Stufe 5
○ Er/sie hat einen geringen Wortschatz.
○ Er/sie ist noch nicht im Stande, an Klassengesprächen in sachgerechter Weise teilzunehmen.
○ In seinen/ihren mündlichen Unterrichtsbeiträgen fehlt der Zusammenhang" (S. 121/123).

In solchen Raster- oder Baustein-Zeugnissen können nun einmal keine prozessorientierten Rückmeldungen gegeben werden, die individuell unterschiedlichen Könnenserfahrungen und Lernentwicklungen im Zusammenhang vermitteln. Das Kind wird reduziert auf einige wenige Aspekte, die weder der konkreten Erziehungs- und Bildungsarbeit noch dem Anspruch gerecht werden, eine ermutigende, förderliche Grundhaltung zum Ausdruck zu bringen. Denn dies ist nur möglich, wenn die Beziehung zwischen Anstrengung und Lernerfolg, zwischen individuellen Lernvorausetzungen und individuellen Lernzuwächsen etc. beachtet würde. Eine derartige kindzentrierte Variabilität lassen Raster- und Baustein-Zeugnisse nicht zu, weil zum einen die Formulierungen allgemeingültig, also abstrahierend von der konkreten Situation verwendbar sein sollen, und zum anderen diese auf normativen Fixierungen basieren, die für alle Kinder gleichermaßen gültig zu sein haben und diese vergleichend auf einer Rangreihe platzieren. Vorformulierte Standardsätze bleiben notgedrungen einseitig produkt- und vergleichsorientiert und damit weiterhin einem schulischen Leistungskonzept verhaftet, zu dessen Überwindung die Abschaffung der Notengebung einen wesentlichen Beitrag leisten sollten. Durch die Verwendung von Formulierungshilfen als Software und die damit fast unzähligen Kombinationsmöglichkeiten von standardisierten Aussagen entstehen geklonte Zeugnisse, aber die realen Kinder werden vergessen und deren Persönlichkeit verflüchtigt sich in zugeschriebenen Abstraktionen.

Nur mit frei formulierten Berichtszeugnissen kann dem Anspruch auf Anschaulichkeit und Realitätsbezug angemessen Rechnung getragen werden. „Erst aus der gedanklichen Hinwendung zum Kind, zu den Situationen des Schuljahres, zu den Arbeitsprozessen und und -ergebnissen, zur Beratung mit dem Kind und den Eltern können Texte entstehen, die Kind und pädagogische Arbeit plastisch werden lassen" (Landesinstitut für Schule und Weiterbildung 1997, S. 108).

Folgende Vorgehensweise bietet sich an: Die vorhandenen Beobachtungen und Beurteilungen zum Lernstand in den Fächern/Lernbereichen, zum Arbeits- und Sozialverhalten etc. werden als Erstes in ihrer Gesamtheit zusammengestellt. Anschließend wird darüber entschieden (vgl. S. 90) welche Sachverhalte für das Berichtszeugnis ausgewählt werden sollen. Die Verschriftlichung erfolgt dann mit eigenen Worten. Formulierungshilfen sollten allerdings nicht grundsätzlich abgelehnt werden, denn auch ohne Rückgriff auf derartige Assistenz kann es zu informationsarmen, stereotypen Wendungen kommen. So lange Formulierungshilfen zur Anregung und zum kreativen Suchen für eigene Beschreibungen genutzt werden, ist sicherlich gegen ihre Verwendung weniger einzuwenden.

Auch die formalisierte Trennung von Angaben zum fachbezogenen Leistungsstand und zur fachlichen Lernentwicklung eines Kindes auf der einen Seite und zum Arbeits- und Sozialverhalten, zur Entwicklung der Spiel-, Bewegungs- und Selbstständigkeitsentwicklung etc. auf der anderen Seite macht Lehrerinnen und Lehrern mitunter große Schwierigkeiten, weil sie ihnen künstlich und unpädagogisch erscheint. Die aus analytischen Gründen und wegen angeblich besserer Übersichtlichkeit in manchen Bundesländern auf den Zeugnisvordrucken fixierte Zweiteilung erweist sich erfahrungsgemäß als nicht streng durchhaltbar. Von daher sollte gerade im Sinne einer ganzheitlichen Sichtweise des Kindes eine verknüpfende Beschreibung immer dann möglich sein, wenn die Beschreibung und Beurteilung eines

Sachverhaltes dieses als geboten erscheinen lässt. Denn im Allgemeinen werden durch die Kombination von Lernstands-, Lernfortschritts- und Verhaltensaussagen individuelle Entwicklungsverläufe sowohl in ihrer Tiefe als auch in ihrer Breite durch die Berücksichtigung einer Reihe von Aspekten besser ausgeleuchtet werden können, als bei einer getrennten Vorgehensweise. Zugleich manifestiert sich in einem fachübergreifenden Rück- und Ausblick die aktive Kooperation der in einer Klasse tätigen Lehrerinnen und Lehrer und berücksichtigt zudem die häufig zutreffende Erkenntnis, dass Lernprobleme von Kindern nicht vorrangig bzw. hauptsächlich fachgebunden, sondern des Öfteren genereller Art sind.

Wichtig sind auch Absprachen mit Kolleginnen und Kollegen, die in der Klasse unterrichten und am Berichtszeugnis mitwirken. Es ist wünschenswert, in gemeinsamen Gesprächen auf pädagogischen Konferenzen und schulinternen Fortbildungsmaßnahmen einheitliche pädagogische Leitprinzipien zur Abschaffung der Noten in der Grundschule im Allgemeinen und zum Vorgang der Lern- und Leistungserfassung mithilfe verbaler Beschreibungen und Beurteilungen im Speziellen innerhalb eines Schul-, zumindest doch innerhalb eines Klassenkollegiums zu erreichen. Dass dies nicht überall Realität ist, enthebt nicht von der Pflicht, dennoch Gemeinsamkeit herzustellen zu versuchen. Dies könnte beispielsweise so aussehen: Die Klassenlehrerin erläutert anhand einer von ihr verfassten schriftlichen Vorlage ihrem Klassenkollegium ihre pädagogischen Grundsätze und ihre persönliche Vorgehensweise bei der Vorbereitung und der Erstellung eines Berichtszeugnisses. An diese erste gemeinsame Vorklärung von Standpunkten und Zugängen können sich weitere Arbeitsschritte

anschließen, die so oder ähnlich aussehen können:

• Sammlung und erste Strukturierung von Beobachtungsergebnissen und Beurteilungsaussagen aller in der Klasse wirkenden Lehrer durch die Klassenlehrerin zum Lernstand und zur Lernentwicklung sowie zum Verhalten.
• In einer Zusammenkunft wird unter Teilnahme aller Lehrer der Klassenkonferenz die Entwurffassung des Berichts jedes Kindes besprochen. Unter Umständen können aus arbeitsökonomischen Gründen in einem Umlaufverfahren bei Bedarf Korrekturen, Ergänzungen, Einwände etc. geltend gemacht werden.
• In die Endfassung werden evtl. Veränderungen durch die Klassenlehrerin eingearbeitet.
• Möglicherweise werden in weiterer Klassenkonferenzen die Berichtszeugnisse abschließend besprochen. Auch hier kann alternativ auf ein Umlaufverfahren zurückgegriffen werden, evtl. kann dies auch nur auf die Fälle beschränkt werden, bei denen deutlich voneinander abweichende Einschätzungen und/oder größere Veränderungen gewünscht werden.

Zur Sprache der Berichtszeugnisse

Die Textzeugnisse richten sich an die Eltern, denen gegenüber die Schule eine Informationspflicht hat. Aber selbstverständlich wird in diesen Zeugnissen nicht nur über Kinder berichtet und geurteilt, sondern sie werden auch für diese selbst geschrieben. Demzufolge entsteht eine Problematik, die die Schulen unterschiedlich zu lösen versuchen. Entweder wird ein Berichtszeugnis in der dritten Person für die Eltern verfasst oder ein Zeugnis wird mit Du-Anrede direkt an das Kind gerichtet. Oder zusätzlich zum Lernentwicklungsbericht für die Eltern wird an das Kind ein persönlicher Brief geschrieben. Es gibt gute Argumente für jede der Formen und man wird sicherlich eigene Erfahrungen machen müssen, um zu entscheiden, welche einem als die passende erscheint. Fraglos ist ein direkt an das Kind gerichtetes Zeugnis sehr viel persönlicher als ein für die Eltern geschriebener Bericht. Doch sollte nicht unterschlagen werden, dass es äußerst schwierig ist, mit einem Zeugnis beiden Adressaten gleichermaßen gerecht zu werden. Von daher tendiere ich für eine Trennung, d. h. für einen für die Eltern bestimmten Lernbericht und für einen zusätzlich an das Kind gerichteten persönlich gehaltenen Brief. Dafür spricht auch, dass normalerweise der Kontakt zwischen dem Kind und der Lehrerin eng ist und regelmäßig Beratungen stattfinden und von daher das im Zeugnis Berichtete für das Kind nicht grundsätzlich etwas Neues darstellen dürfte, während dies selbst bei einer guten und stetigen Elternarbeit für die Eltern nicht gelten dürfte.

Die Sprache bestimmt wesentlich die Qualität der Berichtszeugnisse. *Jürgens* (1998 a) hat in Anlehnung an eine Untersuchung von *Haußer* (1991) vier Kriterien zusammengestellt, die sowohl zur Orientierung und Vereinheitlichung als auch zur Qualitätssicherung und -verbesserung dienen sollen.

Verhaltensbeschreibung gegenüber
Seinsbeschreibung
Da Verhalten an konkrete Situationen gebunden ist, sollte die beschreibende Darstellung im Zeugnis nicht davon abstrahieren, weil sonst leicht der Entstehungszusammenhang für das gezeigte und vom Lehrer wahrgenommene Lern- und Leistungsverhalten aus dem Blick gerät. Zur verhaltensnahen Beschreibungen eignen sich Verben und Adverbien.

Beispiele: „Sie zeigte, dass sie kurze Geschichten fehlerfrei las und schrieb." „Im Rechnen beherrschte er den Zehnerübergang problemlos und außerdem wagte er sich selbstständig auch an Aufgaben im Zwanzigerbereich heran."

Interaktionale Beschreibung gegenüber
individueller Beschreibung
Schulisches Lernen ereignet sich im Spannungsfeld zwischen individuellem und sozialem Lernen. Vielfach findet Lernen in sozialen Bezügen statt, der soziale Kontext sollte deshalb berücksichtigt werden.
Beispiel: „Sie versuchte mit ihren Tischnachbarn immer dann, wenn sich die Gelegenheit dazu bot, gemeinsam zu arbeiten und zusammen zu lernen. Vor allem im Wochenplanunterricht und in Phasen der freien Arbeit geschah dies regelmäßig."

Entwicklungsbeschreibung gegenüber
Eigenschaftszuschreibung
Ein Wortgutachten kann erst dann zu einem Entwicklungsbericht werden, wenn tatsächlich der Prozesscharakter des Lernens und Entfaltens, von Fähigkeiten und Fertigkeiten, von Arbeitstechniken und Lernstrategien etc. beachtet und zum Ausdruck gebracht wird. Dementsprechend muss das Kind im Berichtszeugnis retrospektiv in seiner einzigartigen spezifischen Entwicklung und Weiterentwicklung und prospektiv in seiner zu erwartenden bzw. zu fördernden Entwicklungsaussicht dargestellt werden.
Beispiele: „Sie hat in dem zurückliegenden Zeitraum es immer besser verstanden, sich während der Gruppenarbeit aktiv am Gespräch und an der gemeinsamen Arbeit zu beteiligen." „Im Lesen waren seine Lernfortschritte äußerst erfreulich. Alle bearbeiteten Fibeltexte liest er inzwischen fehlerfrei, flüssig und mit einfühlsamem Sinnverständnis."

Diagnose zur Förderung gegenüber
Diagnose als Selbstzweck
Diagnose um ihrer selbst willen sollte im pädagogischen Bereich keinen Platz haben, denn Beurteilungsvorgänge sollten dem Lernen und Weiterlernen dienen. Demgemäß sollen Beurteilungen als sachliche Rückmeldungen an die Schülerinnen und Schüler verstanden werden, aus denen sich insbesondere auch begründete Entscheidungen für weitere Lernschritte bzw. die weitere Lernentwicklung ableiten lassen.

Beispiele: „Um ihre Mappenführung im Sachkundeunterricht zu verbessern, haben wir vereinbart, dass sie künftig die Mappe in jeder Stunde zur Kontrolle vorlegt." „Mit der korrekten Einhaltung der vereinbarten Klassengeschäftsordnung für die Freiarbeit hatte er noch einige Schwierigkeiten. Deshalb soll er im kommenden Halbjahr verstärkt mit einem seiner Tischnachbarn zusammenarbeiten, der sehr genau in der Einhaltung verabredeter Regeln ist."

Mit der Zeugnisreform in der Grundschule lassen sich wesentlich differenziertere Beurteilungen geben, als dies je mit der Zensurengebung leistbar ist. Jedoch müssen die vielfältigen Informationen und interpretierten Ergebnisse in eine aussagekräftige, verständliche und ebenfalls hinreichend differenzierte Sprache umgesetzt werden. Dazu konnten wir bereits einige Grundsätze liefern. Noch detaillierter und im Einzelnen durchgeformter geht *Arnold* vor, dessen Ausführungen nachfolgend aufgenommen wurden.

Arbeitshilfen zur Gliederung, Formulierung und Gestaltung (von Karl-Heinz Arnold)

Textzeugnisse zu formulieren, bemüht nicht nur das „Was", d. h. das Referieren zutreffender Fakten und Beurteilungen, sondern auch das „Wie", d. h. den „Stil". So gibt es vielleicht – neben den gängigen Empfehlungen der Stilfibeln, die nur belächeln sollte, wer es besser kann – einige spezifische Regeln, die für diese Schreibanlässe hilfreich sein können. Hier ein Versuch:

- Es gibt treffendere Verben als „lernen" und „können".
- Lernentwicklungsberichte skizzieren zeitliche Verläufe. Hier bieten sich die möglichen Tempora wie folgt an: Präsens für die Bilanz dessen, was am Schuljahresende an Fähigkeiten da ist; Perfekt für die Beschreibung von Handlungen, die in einer Folgebeziehung stehen zu späteren Lernhandlungen; Präteritum für in sich abgeschlossene Lernhandlungen oder Geschehnisse; Futur I für den Blick auf das kommende Schuljahr. Solch ein disziplinierter Tempuswechsel steigert die Differenziertheit.

Jetzt rechnest du sicher im Zahlenraum bis 100.
Du hast das Einmaleins gut gelernt. Deshalb gelingen dir die Divisionsaufgaben so viel flinker.
Wenn du weiterhin regelmäßig übst, wirst du mit den Multiplikationsaufgaben immer besser zurecht kommen.

- Nominalformen sollten vermieden werden; sie verdrehen den Sinn des Berichteten, in dem sie suggerieren, das Subjekt und damit das Agens des Lernprozesses sei außerhalb der Schülerin gelegen. Beispiel: „Das Lesen bereitete dir anfangs Schwierigkeiten." Wer bereitet hier wem was? Aber: Wenn jeder Satz das gleiche Subjekt hat – die Schülerin –, dann wird die Lektüre monoton. Für eine gewisse, wohl dosierte Abwechslung sorgen hier so genannte Nominalisierungen. Bessere Dienste leisten Satzstellungen bzw. -arten.

Im Werken hast du das Papiermodell sorgfältig gearbeitet. Erstaunt war ich, dass du bei den Holzarbeiten ziemliche Mühe hattest. *Die Fischer-Technik-Konstruktionen werden dir sicherlich mehr liegen und beser gelingen.*

• Vorsicht sei geboten bei allen Adverbien, v. a. aber bei den quantifizierenden. Hier liegt wirklich die Gefahr, dass diese „immer, zumeist, oft, häufig, weniger oft, selten, eher selten, ...“ zu den Hauptbedeutungsträgern der Sätze werden, jedenfalls für die lesenden Eltern. Helfen können Komparativformen, die den Vergleichsmaßstab anzeigen, z. B. in zeitlicher Perspektive („kann dieses jetzt öfter als früher"). Ein Beispiel mag das Problem verdeutlichen: „Du hast dich nur selten am Unterricht beteiligt." Was bedeutet dieses „selten"? Die Standardantwort lautet: Auch bei dieser Lehrerin gilt die – zumeist implizite – Norm, alle Schülerinnen mögen sich häufig melden. Offensichtlich registriert die Lehrerin die Meldefrequenz und bringt die Schülerinnen diesbezüglich in eine Rangreihe. Auf deren hinteren Plätzen ist Fall X angesiedelt. So wird die aus guten pädagogischen Gründen einstmals abgeschaffte Kopfzensur („Beteiligung am Unterricht") wieder eingeführt. Die Alternative liegt im Perspektivwechsel: Nicht die im interindividuellen Vergleich eingeschätzte Meldefrequenz wird beurteilt, sondern entweder das tatsächliche Ausmaß („hast dich x-mal gemeldet", was den Unfug dieser Variable bestens anzeigte) oder intraindividuelle Unterschiede werden berichtet, d. h. die persönliche Verhaltensvarianz: „ ... hast dich anfangs öfter beteiligt als späterhin", „ ... hast dich in Deutsch seltener beteiligt als in Mathematik", „ ... hast dich bei Frau Y öfter beteiligt als bei Frau X im Unterricht".

Du meldest dich im Unterricht sehr viel seltener als die meisten deiner Klassenkameradinnen. Aber wir Lehrerinnen sind sicher, dass du viele Antworten weißt und interessante Beiträge geben kannst. Wir möchten dich im nächsten Schuljahr gern häufiger fragen – bist du einverstanden?

• Personenbezogene Adjektive, die zumeist eine Etikettierung darstellen, sind ein Problem. In der Fachterminologie wird hier von „Beeigenschaftung" gesprochen – und diese ist entweder eine Angelegenheit solider Diagnostik oder unangebracht (vgl. *Kleber* 1992, S. 28). Gleichwohl kann es wichtig sein, z. B. die soziale Resonanz eines bestimmten Verhaltens zu benennen. Dafür bietet sich das Verbum „wirken auf jemanden" an und dessen Synonyme oder die personbenennende Formulierung einer Meinung: „Wir Lehrer hatten den Eindruck, dass du eher zurückhaltend bist." Auch Fragen können als stilistische Variante die Beeigenschaftung zurücknehmen.

Wir fragen uns, ob du tatsächlich im Unterricht lieber nur zuhören möchtest.

• Besondere Aufmerksamkeit darf dem Adjektiv „gut" erwiesen werden. In der Funktion des Attributes wird es – zumindest in Verbindung mit der Nennung der Schülerin selbst – kaum verwendet werden: Wer schreibt schon, dass sie eine „gute Schülerin" oder eine „gute Klassenkameradin" sei? Diese Beeigenschaftung hat zu offensichtlich den Beigeschmack einer moralisierenden Bewertung. Aber wie steht es mit den folgenden Qualifizierungen für Schüleräußerungen: „Du hattest gute Ideen, du hast gute Beiträge gegeben?" Noch kritischer zeigt sich das Attribut bei den Nominalformen: „Deine Mitarbeit war zumeist gut". Jedenfalls lesen Eltern hieraus eine Rangeinstufung gemäß der Ziffernskala – und gerade jene versteckte Benotung sollte vermieden werden. Die Zeugnisordnung des Landes Bremen fasst diese Bestimmung eigens in einen Absatz (§ 7, Abs. 3). Warum? Nun, weil es für uns alle so unendlich schwierig ist, individuelle Einschätzungen vorzunehmen. Die Behauptung soll nun an der mühevollsten Klippe exemplifiziert werden – an der Adverbialverwendungen von „gut". In vielen Textzeugnissen tauchen diese Wendungen auf: „Du kannst dich gut konzentrieren; mit deinen Mitschülern verstehst du dich gut; Du kannst gut arbeiten"; Oder für die Perspektive der Lehrerin: „Ich finde es gut, dass du ...". Einen Ausweg aus dieser verbalen Bindung an „gut" und „sehr gut", letztendlich aber auch an die Gesamtheit der „güteanzeigenden" Adjektive erschließen nur verhaltensnahe Qualifizierungen – und diese zu finden, das ist wahrlich ein mühsames Unterfangen.

Wie vermeiden Sie diese Dekodierung der Eltern? Gute Beiträge liefern, gute Ideen haben, gut mitarbeiten = Note 2; interessante Beiträge liefern, neue Ideen haben, regelmäßig mitarbeiten = Note 3; manchmal Beiträge liefern, gelegentlich Ideen haben, nicht immer mitarbeiten = Note 4; wenig Beiträge liefern, selten Ideen haben, nur auf Aufforderung mitarbeiten = Note 5. Da gibt es nur einen Ausweg: präzise, intraindividuell differenzierende Beschreibung.

• Ein heikles Thema stellen die teilweise sehr beliebten Imperative dar, die ja – wie aus unterrichteten Schülerinnenkreisen verlautet – im tagtäglichen Unterricht präsent sein sollen. Sind diese Ermahnungen und Aufforderungen eigentlich angemessen, wenn sie jene Redundanz besitzen? Oder meinen Lehrerinnen tatsächlich, dass deren Wiederholung in einem Zeugnis zu einer Wirkung führt, die in der direkten Interaktion offensichtlich nicht erreicht wird?

Im nächsten Schuljahr musst du unbedingt konzentrierter mitarbeiten:
Wir haben uns vorgenommen dich im nächsten Schuljahr inmmer dann zu loben, wenn du konzentriert arbeitest. Machst du mit?

• Wenn Textzeugnisse keine Imperative enthalten, d. h. die Möglichkeit des Aushandelns für bestimmte Empfehlungen noch zulassen, enthalten sie statt dessen häufig die Modalverben „sollen" und „müssen" oder deren Abschwächung im höflicheren Konjunktiv Imperfekt, der als Irrealis jedoch eigentlich auch die geringe Hoffnung der Lehrerin auf Befolgen ausdrückt. Gewiss: Schule entfaltet sich in einem pädagogischen Raum, in dem es Ziele gibt. Diese setzen aus guten Gründen zumeist die Lehrerinnen. Aber: Wenn Textzeugnisse schon Empfehlungen zum künftigen Lernverhalten nennen, dann kann dies ja auch argumentierend begründet werden, z. B. mit Wenn-dann-Formulierungen: „Wenn du mich öfter fragst, kann ich dir auch häufiger helfen".

Du musst das Einmaleins nochmal üben.
Du solltest das Einmaleins wiederholen.
Wenn du in den Ferien das Einmaleins nochmal übst, wirst du im neuen Schuljahr...

• In der Erwachsenensprache beliebt sind die (kombinierten) „Negationen". Deren Informationswert für Grundschüler ist außerordentlich gering, weil die kognitiven Anforderungen zum Verstehen dieser Sentenzen noch nicht hinreichend entwickelt sind. Beispiel: „Versuche bitte, nicht mehr so unkonzentriert zu arbeiten". Das Ziel des Tuns soll also ein Unterlassen sein – schwierig zu verstehen (und zu realisieren). Noch problematischer sind die „doppelten Negationen": „Es fiel dir nicht schwer, ohne Fehler von der Tafel abzuschreiben." Dieser Konstruktionen mögen sich nicht nur Textzeugnisse enthalten.

Wie findest du folgende Verabredung? Vor jeder neuen Arbeitsaufgabe sagst du dir: „Die bringe ich jetzt ohne Unterbrechung zu Ende." Und wir Lehrerinnen zwinkern dir dann zu und wissen, dass du es nun wirklich schaffen willst.

• Grundsätzlich können sich Textzeugnisautoren fragen, wann sie „defizitorientierte" Formulierungen notwendig brauchen. Immerhin sagt die Wendung „es fiel dir anfangs noch schwer", dass hier eine bestimmte Interpretation des Leistungsverhaltens wichtig sei: „mühevoll" sei das Verhalten hervorgebracht worden; zudem wird dem Lerngegenstand eine dynamische Wirkung zugewiesen und damit der soziale Sachverhalt verdreht (Frage: Wer „fällt" hier eigentlich?). Oder aber – und dies ist faktisch wohl weit häufiger der Fall – diese Wendung verschleiert, dass das intendierte Zielverhalten zwar angestrebt, nicht jedoch erreicht worden ist. So wäre eine Trennung der Aspekte vielleicht klarer: „Ich habe bemerkt, dass du dir viel Mühe gegeben hast, aber anfangs gelang dir das Rechnen mit Zahlen größer als 10 gar nicht". Die Wahrnehmung von Anstrengung und Belastung wird geschildert und, davon gesondert, das passagere Lernergebnis; nachfolgend wird der letztlich erreichte Lernzuwachs dann – ausführlicher – berichtet.

Besondere Anforderungen stellt die fähigkeitsorientierte Beschreibung der orthographischen Leistung. Was soll man an Stelle der üblichen Fehlerzählerei notieren? Zum Beispiel die Quote der Richtigschreibungen einschätzen: „Jetzt kannst du in Diktaten fast alle/mehr als die Hälfte/ungefähr ein Viertel … der Wörter richtig schreiben." Oder, gleichfalls als individualnormorientierte Beurteilung: „Den Text deiner Aufsätze verstehe ich gut, obwohl ungefähr nur jedes vierte Wort richtig geschrieben ist." Die sachnormorientierte Ergänzung lautete vielleicht so: „Am Ende der Klassenstufe x sollen Schüler mindestens dreiviertel des Stufenwortschatzes richtig schreiben. Von diesem Ziel bist du noch weit entfernt. Dennoch: auch du verbesserst deine Rechtschreibung immer mehr."

Ohne Fehler = richtig; nur mit kleinen Flüchtigkeitsfehlern = fast vollständig richtig; einige Fehler gemacht = die meisten Wörter richtig geschrieben; x Fehler = von (Gesamtzahl der Wörter) Wörtern (Gesamtzahl – x) richtig geschrieben.

Beispiele aus der Praxis

Um an einigen Beispielen (s. Seite 104–107) meine Hinweise sowie jene von *Arnold* zur Schreibprozedur zu konkretisieren, wurden in fünf Berichtszeugnissen einige Aussagen gekennzeichnet. ☹ signalisiert Gefahren, d. h. es wird gegen Grundsätze einer verhaltensnahen, informativen Berichterstattung verstoßen, sodass es zu Verständnisschwierigkeiten und Fehleinschätzungen kommen kann. Ebenfalls soll mit ☹ angezeigt werden, wenn beispielsweise Beeigenschaftung droht, der situative Zusammenhang unbeachtet oder Diagnose Selbstzweck bleibt. Demgegenüber wird Aussagen, die mit ☺ versehen sind, bestätigt, dass sie im Sinne der von uns empfohlenen Prinzipien gemacht wurden.

Was fällt bei den ausgewählten Zeugnistexten auf? In allen Texten, insbesondere in den Hinweisen zu den Lernbereichen/Fächern, finden sich mehr „Seinsbeschreibungen" als Verhaltensbeschreibungen. Entwicklungsbezogene Aussagen stellen eher die Ausnahme denn die Regel dar. Nahezu vollständig fehlen Informationen über Zielsetzungen, die das jeweils betreffende Kind erreichen sollte. Damit dürfte allen Eltern die Einordnung der individuellen Fortschritte ihres Kindes bzw. die Verortung des aktuellen Lern- und Leistungsstands unter sachlichen Gesichtspunkten schwer fallen. Des Weiteren fehlen in den verbalen Beurteilungen fast gänzlich Hinweise, wie das betreffende Kind erfolgreich weiterlernen kann, wie es sich noch verbes-

Beispiel 1

Hinweise zum Arbeits- und Sozialverhalten:
Du hast dich gut in der Schule eingelebt und zu vielen Kindern Kontakt gefunden. Dem Unterricht bist du meist interessiert gefolgt und hast ihn in den letzten Wochen auch oft mitgestaltet. Das Einhalten der für die Klassengemeinschaft wichtigen Regeln ist dir häufig noch schwer gefallen, in der letzten Zeit hast du hierbei aber große Fortschritte gemacht. Neue Inhalte hast du stets schnell aufgefasst und selbstständig angewandt. Arbeitsaufträge hast du immer selbstständig erledigt, du hast dich dabei aber häufig noch ablenken lassen. Mit anderen Kindern konntest du in den letzten Wochen schon partnerschaftlich zusammenarbeiten.

Hinweise zu Lernbereichen/Fächern:
Sprache: Einfache Vorgänge und Zusammenhänge kannst du selbstständig und gewandt erzählen. Am Erzählkreis hast du fast immer aufmerksam teilgenommen und gezeigt, dass du anderen Kindern schon gut zuhören kannst. Du kennst alle Buchstaben und kannst auch unbekannte Texte sinnentnehmend und oft fließend lesen. Geübte Wörter schreibst du aus der Vorstellung fehlerfrei.

Mathematik: Alle Aufgaben im Zahlenraum 1-20 löst du selbstständig. Auch Beziehungen zwischen Zahlen und Eigenschaften von Zahlen hast du fast immer selbstständig erkannt. Bei Sachrechenaufgaben konntest du dein mathematisches Wissen schon sachgerecht anwenden.

☺
Lernentwicklung

☹
Diagnose zum Selbstzweck

☹
Gefahr quantifizierender Adverbien

☺
Leistungsstand

Beispiel 2

Hinweise zum Arbeits- und Sozialverhalten:
P. ist eine freundliche Schülerin, die aktiv und interessiert am Unterricht teilnimmt. Ihre Aufgaben erledigt sie sicher, selbstständig und erfolgreich. Sie fasst schnell auf und behält Gelerntes gut. Im Umgang mit ihren Mitschülerinnen und Mitschülern kann sie ihre Meinung äußern, aber auch die Meinung anderer akzeptieren.

☹
Beeigenschaften

☹
Es gibt treffendere Verben

104

Hinweise zu Lernbereichen/Fächern:
Im Bereich Sprache <u>kann</u> P. bekannte und fremde Texte fließend und sinnbetont lesen. Geübte
Diktate schreibt sie immer fehlerfrei.
Im Bereich Mathematik rechnet sie sicher und
ohne Hilfen alle Aufgaben der vier Grundrechenarten im Zahlenraum bis 100.

☹
Es gibt
treffendere
Verben

Beispiel 3

Hinweise zum Arbeits- und Sozialverhalten:
P. ist eine <u>freundliche</u> Schülerin, die aufgeschlossen am Unterricht teilnimmt. Sie fasst schnell auf
und behält Gelerntes gut. Ihre Arbeiten erledigt
sie selbstständig und erfolgreich. Sie hat guten
Kontakt zu ihren Mitschülerinnen. In der Klasse
vereinbarte Regeln hält sie stets ein.

☹
Was sind das?

Hinweise zu Lernbereichen/Fächern:
Im Bereich Sprache verfügt sie über <u>erfreuliche</u>
Fähigkeiten. Sie kann mündlich und schriftlich
wortgewandt und fantasiereich erzählen. <u>Be-
kannte und fremde Texte liest sie fließend und
sinnbetont.</u> Geübte Diktate schreibt sie fehlerfrei.
<u>Im Bereich Mathematik löst sie alle Aufgaben
der vier Grundrechenarten im Zahlenraum bis
100 sicher und ohne Hilfe. Sie setzt sich sehr im
Sportunterricht und im musisch-künstlerischen
Bereich mit großem Erfolg ein.</u>

☺
Bilanzierung

☹
Was
schließen
Eltern
daraus?

Beispiel 4

Hinweise zum Arbeits- und Sozialverhalten:
Lieber Uwe! Du bist ein aufgeschlossener, interessierter Schüler, der mit anderen Kindern gut
zusammenarbeiten kann. <u>Du fasst Aufgabenstellungen rasch auf und arbeitest zügig und
selbstständig,</u> jedoch in der Bearbeitung und
Schrift nicht immer sorgfältig genug. Manchmal
reagierst du auf Ermahnungen etwas empfindlich, fühlst dich benachteiligt, beobachtest andere zu sehr in ihrem Tun und beklagst dich
dann. <u>Das ist nicht so gut.</u> Du kannst dich rege
an Unterrichtsgesprächen beteiligen und <u>lieferst</u>
hier auch gute Beiträge, wenn du die Ge-

☺
Verhaltens-
beschreibung

☹
Moralisie-
rend! Fühlt er
sich zu Recht
benachteiligt?

105

sprächsregeln beachtest. Du hast die Ziele der zweiten Klasse voll erreicht.

Umgeschrieben: Beispiel 4

Uwe ist ein aufgeschlossener Schüler, der gern Kontakt zu anderen Schülern und Lehrern aufnimmt. Besonders an Gruppenarbeiten zeigte er sich sehr interessiert. Hier übernahm er oft die Führung, bezog aber seine Mitschüler bei der Lösung der Aufgaben mit ein. Seine Beiträge zum Unterrichtsgespräch, vor allem in Heimat- und Sachkunde, waren treffend und bereichernd.
...
Uwe kann Texte sinnerfassend erlesen. Wenn er täglich zehn Minuten liest, wird sein Lesevortrag flüssiger.

Beispiel 5

Hinweise zum Arbeits- und Sozialverhalten:
G. zeigte sich im ersten Schuljahr als ein interessierter und lebhafter Schüler, der dem Unterricht meist mit wechselnder Ausdauer folgte. Er lernte zunehmend, sich über einen längeren Zeitraum zu konzentrieren, wobei seine Lernbereitschaft häufig noch geweckt werden musste. G. zeigte von Anfang an Freude am Lernen, arbeitete gut mit seinen Mitschülern zusammen und hielt sich an Regeln der Klassengemeinschaft. Neue Sachverhalte und Aufgabenstellungen fasste G. leicht und schnell auf. Er konnte Gelerntes auch nach längerem Zeitraum vollständig wiedergeben und fand auch zu komplexen Aufgabenstellungen eigene Einfälle und Lösungswege. Schriftliche Arbeiten führte G. sachgerecht, aber nicht immer mit der nötigen Sorgfalt aus. Zusätzliche Lernangebote nahm G. gerne an.
Hinweise zu Lernbereichen/Fächern:
G. hat die Lernziele der ersten Klasse in allen Lernbereichen und Fächern erreicht.
Sprache: G. kann allen Buchstaben ihre Laute zuordnen. Er kann Buchstaben und Laute zusammenfügen, den Sinn des Wortes erfassen

☹
Innere Logik: Sind die Beiträge nur gut, wenn er die Regeln einhält?

☺
interaktionaler Aspekt

☺
Verhaltensbeschreibung

☹
Diagnose zum Selbstzweck?

☹
quantifizierend

106

und das Wort vorlesen. Sätze und einfache Texte liest G. wortgenau, wobei er auch die Bedeutung erkennt und wiedergeben kann. Unbekannte Wörter und Sätze erliest er noch stockend, aber meist fehlerfrei und sinnerfassend. G. beachtet beim Schreiben nicht immer die Zeilenführung und schreibt oft noch wenig klar gegliedert. Bekannte Wörter und Sätze kann er aus der Vorstellung mit nur geringen Fehlern schreiben.

Mathematik: G. kann alle Zahlen von 0 bis 20 schreiben und lesen. Er löst mit zunehmender Sicherheit alle Aufgaben im Zahlenraum bis 20, nutzt Rechenvorteile und durchschaut einfache Gleichungen und Ungleichungen mit einem Platzhalter.

Sachunterricht: G. ist am Sachunterricht interessiert und besonders aufgeschlossen für Themen aus dem Bereich Natur/Technik. Er kann Fragestellungen entwickeln, genau beobachten und eigene Lösungen für seine Probleme finden.

Umgeschrieben: Beispiel 5
G. zeigte sich im ersten Schuljahr vor allem an naturkundlichen Themen interessiert. Hierbei lernte er ausdauernd und konzentriert, was ihm im Verlauf des Schuljahres auch im Deutsch- und Mathematikunterricht zunehmend besser gelang. Er arbeitete gern mit einem Partner zusammen und war auch zur Gruppenarbeit bereit, wobei er je nach Gruppenzusammensetzung eigene Ideen mehr oder weniger einbrachte. Neuen Sachverhalten stand er aufgeschlossen gegenüber und war im Stande, genau zu beobachten. Er konnte Gelerntes nach längerem Zeitraum vollständig wiedergeben und fand zu komplexeren Aufgaben eigene Einfälle und Lösungswege. Schriftliche Arbeiten sollte er künftig nicht nur sachgerecht, sondern auch mit der nötigen Sorgfalt ausführen. Eine vollständige Ausnutzung der zur Verfügung stehenden Arbeitszeit wäre sicher hilfreich. Zusätzliche Lernangebote aus dem naturkundlichen Bereich nahm er gerne an.

☹ Wie kann G. künftig besser lernen?

☹ Was waren die Lernziele?

☺ Lernentwicklung

☺ interaktionaler Aspekt

☺ Verhaltensbeschreibung

☹ Besser keine Empfehlungen dieser Art, sondern argumentieren.

☺ Konstruktiver Hinweis zur Verbesserung des Lernens

107

sern kann, wie es gezielt üben kann, welche Fördermaßnahmen ergriffen werden sollen. Auch fehlt des Öfteren, was die Lehrerin bzw. der Lehrer selbst gemeinsam mit dem Kind tun will, damit diagnostizierte Schwächen künftig vermieden und Stärken weiterentwickelt werden können.

Dennoch sind alle ausgewählten Beispiele von dem Bemühen geprägt, die Eltern bzw. das jeweilige Kind über das gezeigte Arbeits- und Sozialverhalten, den erfassten Lernstand und die erbrachten Leistungen zu informieren. Dass dies oft auch pauschalierend geschieht, liegt vermutlich auch an der Kürze des Textes. Es ist eben nicht leistbar, auf ca. 15 Zeilen über einen Zeitraum von sechs Monaten sowohl zum Lernverhalten als auch zu den Lernbereichen bzw. den Fächern, aussagekräftige, den Zusammenhang erklärende und entwicklungsbezogene Mitteilungen und Beurteilungen vornehmen zu wollen, ganz davon abgesehen, dass für Förderhinweise dann schon überhaupt kein Platz mehr ist. Berichtszeugnisse müssen nicht ellenlang sein, aber mindestens den doppelten Platz sollten sich die Lehrerinnen und Lehrer selbst zugestehen.

Mit zwei während einer Fortbildung umgeschriebenen jedoch nicht vollendeten Beispielen sollen Anregungen dafür vermittelt werden, wie durch die konsequente Beachtung der Hinweise zur Schreibprozedur Schwächen vermieden werden können und die Berichte sowohl verhaltensnäher als auch durch die Verknüpfung verschiedener Aspekte informativer werden, an Aussagekraft und Gehalt gewinnen. Oft sind dazu nur kleinere Änderungen im Ausdruck nötig.

Zeugnisausgabe

Es kann gar nicht erwartet werden, dass Eltern der Zeugnisreform in der Grundschule ausschließlich wohlwollend und offen gegenüberstehen. Somit ist neben Zustimmung auch mit Skepsis, Vorbehalten und Ablehnung zu rechnen. Wie sollte es auch anders sein, wenn sie selbst mit Zensuren in der Schule groß geworden sind, alternative Beurteilungsformen nicht kennen lernen konnten. Deshalb müssen Eltern für die Verbalbeurteilung und ihre unübersehbaren Vorteile, die sich bei qualitätsvoller Durchführung fraglos einstellen, erst noch gewonnen werden. Dies sollte allerdings nicht isoliert auf die Beurteilungsproblematik beschränkt geschehen. Verbalbeurteilung ist Teil einer Grundschulpädagogik, die konsequent einer sachbezogenen Rückmeldekultur innerhalb der leitenden Konzepte von Ermutigung und Förderung dient. Von daher erweist es sich auch als grundsätzlich günstig, die Verbalbeurteilung als einen Baustein in das Schulprogramm jeder Einzelschule aufzunehmen.

Damit würde einerseits nach innen sowie nach außen die Wichtigkeit dokumentiert, die man diesem Innovationsvorhaben zuschreibt, und andererseits artikuliert die Einbettung in das Handlungs- und Entwicklungskonzept als zukünftige pädagogische Grundorientierung der Schule die kontextuelle Abhängigkeit des Erfolgs von Verbalbeurteilung von weiteren innerschulischen Elementen. Veränderungen, seien sie nun in einem Schulprogramm aufgenommen oder nicht, lassen sich oft am besten gemeinsam mit den Eltern realisieren. Dies trifft auf die Verbalbeurteilung in ganz besonderer Weise zu. Deshalb sollten Schulen so viele Gelegenheiten wie möglich nutzen, um sowohl den Sinn der Zeugnisreform den Eltern nahe zu bringen als auch bei ihnen durch konkret erfahrbare Vorteile, z. B. größerer Informationsgewinn, positive Reaktionen auszulösen.

Verbalbeurteilungen sind ein geeignetes Mittel zur Pädagogisierung von Beurteilungsprozessen und machen somit eine anspruchsvollere Pädagogik erforderlich. Dies Eltern zu vermitteln und sie daran teilhaben zu lassen, kann neben anderen Gelegenheiten besonders gut mit dem Vorgang der Zeugnisausgabe geschehen. Auch mit einem Textzeugnis kann nicht alles gesagt werden, was an wichtigen Informationen zum Leistungsstand, zum Lernverhalten und zur weiteren Lernentwicklung vorliegt und für die Eltern von Gewicht sein könnte. Dementsprechend stellt ein Berichtszeugnis einen hervorragenden, fundierten Gesprächsanlass dar, nicht aber ein alles erklären wollendes und ebenso kein sich vollständig allein erklärendes Gutachten. Dies muss Eltern klargemacht werden, um nicht falsche Erwartungen zu wecken. Dies gelingt besonders gut, wenn man die Zeugnisausgabe zu einem Ritual der gegenseitigen Verständigung werden lässt und zum Anlass nimmt, um miteinander – vielleicht mit Beteiligung des betroffenen Kindes – über das bisherige Lernen und künftige Lernmöglichkeiten zu sprechen und sich gegenseitig zu beraten. Und dies ist tatsächlich so gemeint, wie es gesagt wurde. Also weg von der Einbahnstraße oft missverstandener herkömmlicher Elternberatung, bei der Eltern zumeist nur Zuhörer sind, hin zu einer gemeinsamen Beratung, wo beide Seiten Wichtiges mitzuteilen haben. Wird das Kind beteiligt, sollte es ebenfalls Mitsprache- und Mitberatungsmöglichkeiten erhalten. Organisatorisch haben sich in der Praxis recht unterschiedliche Formen herausgebildet. So schlagen beispielsweise *Bartnitzky/ Christiani* (1994) die folgenden vier Möglichkeiten vor:

• „Auf einem Elternabend gegen Ende des Schulhalbjahres erhalten die Eltern die Zeugnisse, zugleich werden Gesprächstermine an den nachfolgenden Tagen oder gebündelt an einem Elternsprechtag vereinbart.
• Die Eltern kommen sukzessive in den letzten Tagen vor dem Ende des Schulhalbjahres nach Vereinbarung in die Schule, sie erhalten hier zu Beginn des Beratungsgesprächs das Zeugnis.
• Die Schüler bekommen das Zeugnis mit nach Hause; einige Tage später findet der Elternsprechtag statt.
• Die Eltern bekommen das Zeugnis am Elternsprechtag" (S. 194).

Darüber hinaus ist es teilweise üblich geworden, den Zeugnisausgabetag mit einem Elternsprechtag zu koppeln und das Zeugnis dem Kind und seinen Eltern bzw. einem Elternteil zu überreichen und es anschließend gemeinsam zu erläutern. Wird das Berichtszeugnis im Beisein des Kindes erklärt, entsteht eine Atmosphäre gegenseitiger Akzeptanz und Anerkennung, indem sich das Kind selbst und die Eltern ihr Kind in der Beurteilung wiedererkennen, z. T. durch spontane Beispiele aus dem Schulalltag und familiären Umfeld ergänzt und weiter ausdifferenziert. Deshalb plädiere ich dafür, den Ausgabetag für das Berichtszeugnis zu einem Klasseneltern- und Kindersprechtag zu machen, evtl. verbunden mit einer anschließenden Feier oder einem nachmittäglichen Klassenfest unter Beteiligung der Eltern.

Literatur

Arbeitsgruppe „Zeugnisse ohne Noten in den Klassen 3 und 4 der Grundschule" Erfahrungsbericht. Redaktion: *Giljohann, Jürgen, Schuldt, Wilhelm*. Detmold 1994

Arnold, Karl-Heinz: Textzeugnisse: Arbeitshilfen zur Gliederung, Formulierung und Gestaltung. In: Landesinstitut für Schule und Weiterbildung (Hrsg.): Leistungsbewertung ohne Noten in der Grundschule. Bönen 1997, S. 134–136

Atteslander, Peter: Methoden der empirischen Sozialforschung. Berlin 1974

Bartnitzky, Horst, Christiani, Reinhold: Zeugnisschreiben in der Grundschule. Heinsberg 1994

Behnken, Imbke B., Jaumann, Olga I. (Hrsg.): Kindheit und Schule. Kinderleben im Blick von Grundschulpädagogik und Kindheitsforschung. Weinheim/München 1995

Benner, Dietrich, Ramseger, Jörg: Zwischen Ziffern, Zensur und pädagogischem Entwicklungsbericht: Zeugnisse ohne Noten in der Grundschule. In: Zeitschrift für Pädagogik 31, H. 2/1985, S. 151–174

Bildungskommission NRW (Hrsg.): Zukunft der Bildung. Schule der Zukunft. Neuwied/Kriftel/Berlin 1995

Burk, Karlheinz, Claussen, Claus (Hrsg.): Lernorte außerhalb des Klassenzimmers I. Didaktische Grundlegung und Beispiele. Arbeitskreis Grundschule e.V. Frankfurt/M. 1980

Burk, Karlheinz, Claussen, Claus (Hrsg.): Lernorte außerhalb des Klassenzimmers II. Methoden. Praxisberichte. Hintergründe. Arbeitskreis Grundschule e. V. Frankfurt/M. 1981

Claussen, Claus u. a.: Wochenplan- und Freiarbeit. Braunschweig 1993

Cloer, Ernst: Veränderte Kindheitsbedingungen – Wandel der Kinderkultur: Aufgaben und Perspektiven für die Grundschule als Basis der Bildungslaufbahn. In: Niedersächsisches Kultusministerium (Hrsg.): Ständige pädagogische Konferenz: Ernstfall Grundschule – Sind Kinder keine Kinder mehr? Dokumentation über das Symposium von Hannover am 31. 10. 1991. Hannover 1991

Deutscher Bildungsrat: Empfehlungen der Bildungskommission. Strukturplan für das Bildungswesen. Stuttgart 1970

Elbing, Eberhard, Buschmann, Stefanie: Schülerbeurteilung mittels Wortzeugnissen. Eine empirische Analyse. Universität München. Institut für Empirische Pädagogik und Päd. Psychologie. München 1985

Engemann-Reinhardt, Barbara (Hrsg.): Janusz Korczak. Das Kind neben dir. Berlin 1990

Faust-Siehl, Gabriele u. a.: Empfehlungen zur Neugestaltung der Primarstufe. Die Zukunft beginnt in der Grundschule. Reinbek bei Hamburg 1996

Fölling-Albers, Maria (Hrsg.). Veränderte Kindheit – Veränderte Grundschule. Arbeitskreis Grundschule e.V. Frankfurt/M. 1992[4]

Freese, Hans–Ludwig: Abschlußbericht der Untersuchung zur abweichenden Organisationsform „Verbale Beurteilungen in der 3. Klassenstufe" im Auftrag des Senators für Schulwesen, Berufsbildung und Sport. Berlin 1990

Friedrichs, Jürgen: Methoden empirischer Sozialforschung. Reinbek 1973

Garlichs, Ariane in Zusammenarbeit mit *Beck, Ulla* und *Ring, Karola:* Alltag im Offenen Unterricht. Das Beispiel Lohfelden – Vollmarshausen. Arbeitskreis Grundschule e. V. Frankfurt/M. 1991[2]

Giesecke, Hermann: Unterricht ist nicht altmodisch. Thesen zur Beförderung der Diskussion. In: Deutsche Lehrerzeitung 29/30. 24. Juli 1997. S. 3

Hacker, Hartmut: Einleitung zum Kapitel Lebensbereiche und Erfahrungen. In: *Jürgens, Eiko* u. a.: Die Grundschule – Zeitströmungen und aktuelle Entwicklungen. Baltmannsweiler 1997

Haenisch, Hans: Schulversuch „Zeugnisse ohne Noten in den Klassen 3 und 4". Auswertung der Erfahrungsberichte aus den am Schulversuch beteiligten Grundschulen. Landesinstitut für Schule und Weiterbildung. Soest 1996 a

Haenisch, Hans: Beurteilungen ohne Noten auf dem Prüfstand. Ergebnisse einer Befragung von Eltern und Lehrkräften zur Akzeptanz und zu den Wirkungen von zensurenfreien Beurteilungen in den Klassen 3 und 4. Landesinstitut für Schule und Weiterbildung. Soest 1996 b

Hanke, Petra: Grundschule in Europa. In: *Becher, Hans Rudolf, Bennack, Jürgen* (Hrsg.): Taschenbuch Grundschule Hohengehren 1995[2]

Haußer, Karl: Verbalbeurteilungen in Schulzeugnissen. Eine psychologische Inhaltsanalyse. In: Die Deutsche Schule 83, H. 3/1991, S. 348–349

Heckhausen, Heinz: Lehrer-Schüler-Interaktion. In: Funk-Kolleg Pädagogische Psychologie. Frankfurt/M. 1975

Hentig, Hartmut von: Systemzwang und Selbstbestimmung. Stuttgart 1968

Hopf, Arno: Grundschularbeit heute. Didaktische Antworten auf neue Lebensverhältnisse. München 1993

Ipfling, Heinz J.: Die Grundschule im Bildungssystem. In: *Becher, Hans Rudolf, Bennack, Jürgen* (Hrsg.): Taschenbuch Grundschule. Hohengehren 1995[2]

Ingenkamp, Karlheinz: Die Fragwürdigkeit der Zensurengebung. Weinheim/Basel 1971

Ingenkamp, Karlheinz: Lehrbuch der pädagogischen Diagnostik. Weinheim/Basel 1995[3]

Jürgens, Eiko: Der Schülerbeobachtungsbogen in

der Orientierungsstufe des Landes Bremen. Eine empirische Untersuchung des Schülerbeobachtungsbogens durch Lehrer. Frankfurt a. M./Bern/New York 1982

Jürgens, Eiko: Beobachtung, Beschreibung, Beurteilung. In: PRAXIS SCHULE 5-10, 3. Jg, H.2/1992, S. 57-59

Jürgens, Eiko: Das Wortgutachten in der Grundschule. Eine empirische Untersuchung zur Praxis der Verbalbeurteilung. Universität Bielefeld. Fakultät für Pädagogik. Arbeitsgruppe 5. Bielefeld 1997 a

Jürgens, Eiko u. a.: Die Grundschule - Zeitströmungen und aktuelle Entwicklungen. Baltmannsweiler 1997 b

Jürgens, Eiko: Leistung und Beurteilung in der Schule. Eine Einführung in Leistungen und Bewertungsfragen aus pädagogischer Sicht. 1998 a[4]

Jürgens, Eiko: Die ‚neue‘ Reformpädagogik und die Bewegung Offener Unterricht. Theorie, Praxis und Forschungslage. Sankt Augustin 1998 b[4]

Kasper, Hildegard u. a.: Laßt die Kinder lernen. Offene Lernsituationen. Braunschweig 1989

Klafki, Wolfgang: Sinn und Unsinn des Leistungsprinzips in der Erziehung. In: Sinn und Unsinn des Leistungsprinzips. Ein Symposium. München 1975

Kleber, Eduard W.: Allgemeine Probleme der Beurteilung in der Schule. In: Ders. u.a. (Hrsg.): Beurteilung und Beurteilungsproblem. Eine Einführung in Beurteilungs- und Bewertungsfragen in der Schule. Weinheim/Basel 1976

Kleber, Eduard W.: Diagnostik in pädagogischen Handlungsfeldern: Einführung in Bewertung, Beurteilung, Diagnose und Evaluation. Weinheim/Basel 1992

Knoll, Michael: Europa nicht Amerika. Zum Ursprung der Projektmethode in der Pädagogik. In: Pädagogische Rundschau. 45 H. 1/1991, S. 41-58

Landesinstitut für Schule und Weiterbildung, Soest (Hrsg.): Leistungsbewertung ohne Noten in der Grundschule. Bönen 1997

Meise, Claus: Schülerbeurteilungen in Abhängigkeit von Erfolg und Kausalattribuierung der vorangegangenen Leistung unter Berücksichtigung einiger Persönlichkeitsparameter. Unveröffentliche Dissertation. Dortmund 1974

Ministerium für Kultur und Weiterbildung des Landes Nordrhein-Westfalen (Hrsg.): Materialien zur Leistungsbewertung und zur Gutachtenerstellung in der Grundschule. Die Schule in Nordrhein-Westfalen. Eine Schriftenreihe des Kultusministeriums. Düsseldorf 1980

Nuding, Anton: Beurteilen durch Beobachten. Pädagogische Diagnostik im Schulalltag. Hohengehren 1997

Ochl, Silvia: Formulierungshilfen für Schulberichte und Zeugnisse. Mühlacker 1996

Olechowski, Richard, Rieder, Karin (Hrsg.): Motivieren ohne Noten. Wien/München 1990

Prenzel, Manfred , Schiefele, Hans: Motivation und Interesse. In: *Roth, Leo* (Hrsg.): Pädagogik. Handbuch für Studium und Praxis. München 1991

Preuß, Eckhardt: Leistungserziehung, Leistungsbeurteilung und innere Differenzierung in der Grundschule - Bausteine moderner Grundschularbeit - Anregungen und Hilfen. Bad Heilbrunn 1994

Richter, Horst-Eberhard: Umgang mit Angst. Düsseldorf und Wien 1997[4]

Rieder, Karin: Leistung und Funktion der Leistungsbeurteilung. In: *Olechowski, Richard, Rieder, Karin* (Hrsg.): Motivieren ohne Noten. Wien/München 1990

Rolff, Hans-Günther, Zimmermann, Peter: Kindheit im Wandel. Weinheim/Basel 1985

Rosemann, Hermann: Arbeitshefte für Psychologie, Bd. 14: Schülerbeurteilung. Berlin 1975

Roth, Leo (Hrsg.): Methoden erziehungswissenschaftlicher Forschung. Stuttgart 1978

Sacher, Werner: Prüfen, beurteilen, benoten. Theoretische Grundlagen und praktische Hilfestellungen für den Primar und Sekundarbereich. Bad Heilbrunn 1994

Schaub, Horst: Weder Noten - noch Berichtszeugnisse: Lernentwicklungsberichte. Von der Zeugnisreform zur pädagogisch-diagnostischen Reform. In: Die Grundschulzeitschrift 63/1993, S. 8-11

Scheerer, Hansjörg, Schmied, Dieter, Tarnai, Christian: Verbalbeurteilungen in der Grundschule. Arbeits- und Sozialverhalten in Grundschulzeugnissen in Nordrhein-Westfalen. In: Zeitschrift für Pädagogik 31 H. 2/1985, S. 175-200

Scheibe, Wolfgang: Die reformpädagogische Bewegung. Weinheim/Basel 1994[10]

Schmidt, Hans J.: Grundschulzeugnisse unter der Lupe. In: Die Deutsche Schule 73, H. 7/8/1981, S. 486-496

Schmitt, Rudolf, Valtin, Renate: Grundschule in Europa - Europa in der Grundschule. In: Beiträge zur Reform der Grundschule Bd. 83/84. Frankfurt 1992

Schnitzer, Albert (Hrsg.): Schwerpunkt Leistung in der Schule. München 1981

Schwarzer, Christine: Einführung in die Pädagogische Diagnostik. München 1979

Sekretariat der Ständigen Konferenz der Kultusminister der Länder in der Bundesrepublik Deutschland (Hrsg.). Empfehlungen zur Arbeit in der Grundschule. Bonn 1970

Standop, Jutta: Das pädagogische Tagebuch. In: Deutsche Lehrerzeitung. Nr. 47/48, 1997, S. 21

Ulbricht, Helga: Wortgutachten auf dem Prüfstand. Münster/New York 1993

Weinert, Franz E.: Wissen und Denken. Die unterschätzte Bedeutung des Gedächtnisses für das menschliche Denken. In: Naturwissenschaftliche Rundschau. 50 H. 5/1997, S. 169-175

Ziegenspeck, Jörg: Zensur und Zeugnis - ein Mängelbericht. In: *Bolscho, Dieter, Schwarzer, Christine* (Hrsg.): Beurteilen in der Grundschule. München 1977